# Respira

# PREM RAWAT

# Respira

Una guía para encontrar la armonía en cada instante

Traducción de
Noemí Sobregués

Grijalbo

Papel certificado por el Forest Stewardship Council®

MIXTO
Papel | Apoyando la
silvicultura responsable
FSC
www.fsc.org
FSC® C117695

Penguin
Random House
Grupo Editorial

Título original: *Breath*

Primera edición: junio de 2025

© 2024, Prem Rawat
© 2025, Penguin Random House Grupo Editorial, S. A. U.
Travessera de Gràcia, 47-49. 08021 Barcelona
© 2024, Akiko Kunisu, por las ilustraciones
© 2025, Noemí Sobregués Arias, por la traducción

*Printed in Spain* – Impreso en España

ISBN: 978-84-253-7078-6
Depósito legal: B-6.335-2025

Compuesto en M. I. Maquetación, S. L.

Impreso en Huertas Industrias Gráficas, S. A.
Fuenlabrada (Madrid)

GR 7 0 7 8 6

*En memoria de David Passes,*
*una de las fuentes de inspiración de este libro*

# Índice

# Prólogo

Solemos decir que un viaje de mil kilómetros empieza con el primer paso. Lo mismo sucede con la vida: el viaje de todo ser humano empieza con la primera respiración.

Respiraremos muchas veces, y al final llegará el último aliento, que nos verá dejar este mundo. Pero la vida se define no solo por lo que hacemos, sino también por lo que aprendemos y acumulamos en el corazón.

¿Hasta qué punto es importante entender que la respiración es un verdadero regalo? Es importantísimo, porque, créeme, damos la respiración por sentada, y eso es algo que no podemos permitirnos. Debemos ver su belleza.

Debemos admirar en qué consiste. En medio de circunstancias que escapan a nuestro control está la realidad de que existimos, y esa existencia es posible gracias a la constante respiración.

Muchas personas han intentado entender lo que significa, pero tienes que experimentar lo que es la vida. No puedes limitarte a darle un sentido arbitrario; debes experimentar lo que es.

¿Qué se siente al estar vivo todos los días? Estar en la cúspide de esa existencia en la que de alguna manera todo lo que nos rodea intenta destruirnos. Por otro lado, la respiración que nos acompaña hace posible eso tan hermoso que llamamos existencia.

Estamos aquí, y es inevitable que un día nos vayamos.
La distancia entre los dos muros, el que ya hemos atravesado
y el que vamos a atravesar, define lo que somos.

Podrías ser cualquiera. Podrías haber sido cualquiera
y es muy posible que llegues a ser cualquier cosa y cualquier
persona que quieras ser, pero no puedes olvidar que todo
esto sucederá gracias a la respiración.

Este libro, a su hermosa manera, intenta ayudarte
a recordar y entender en profundidad en qué consiste
respirar. Y lo cierto es que de algún modo apunta
a nuestra existencia. A ti y a mí, que estamos vivos.

El hecho de estar vivos nos abre un abanico de posibilidades.
Algunas son buenas y otras son malas, pero todas están ahí.
De nosotros depende si aceptamos las que son buenas
para nuestra vida, y seguimos adelante con ellas,
o cometemos errores y nunca aprendemos de ellos.
Esta también es una posibilidad, aunque nada agradable.

Despertar a este increíble milagro que llamamos vida
es lo más maravilloso que podemos hacer.

Espero sinceramente que este libro despierte un mensaje en ti, en tu corazón, y que aprendas algo muy valioso, algo que han expresado desde tiempos inmemoriales, a lo largo de los siglos, muchas personas antes que nosotros, y que muy probablemente seguirán expresando tantas otras después.

Mientras estés vivo, es una oportunidad única.

Gracias.

PREM RAWAT

Inhalas, exhalas y te das cuenta de que estás vivo.
La paleta de sensaciones es prácticamente infinita.
Estamos en el reino del corazón.

# Introducción

Muchos escritores del pasado han mencionado la importancia de respirar, lo fundamental que es para la vida de los seres humanos. Han descrito la respiración como un regalo. Pero ¿entendemos hoy sus palabras?

La respiración es un regalo que compartimos con todos los seres humanos sobre la faz de la tierra. Podemos tener opiniones e ideas diferentes. Podemos llevar ropa diferente, hacer cosas diferentes y tener culturas diferentes. Pero todos respiramos. La respiración es el inicio de la vida, su sustento, y cuando cesa, también su final.

La respiración es un mensaje silencioso para cada uno de nosotros: «Despierta. ¡Despierta a la vida!». Hasta ahora solo has despertado a tu mundo, a tus responsabilidades y a tus sueños.

Pero no has despertado a la vida. Es un paso totalmente distinto. Y cuando despiertas a la vida, entiendes quién eres. Entiendes quiénes son los demás y que no son diferentes de ti.

Entonces entiendes qué es la paz y el valor de la paz en tu vida.

# I.
# ¿Qué es respirar?

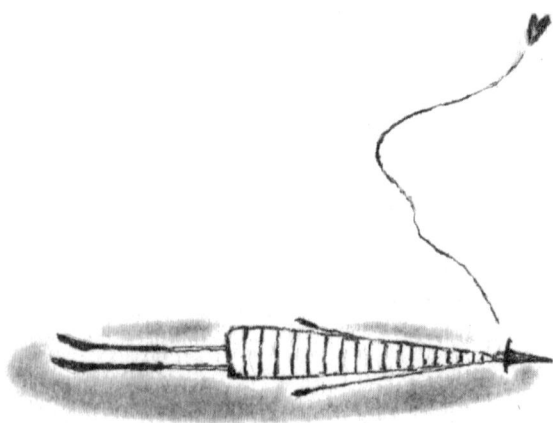

# 1 La primera y la última

Cuando saliste del vientre de tu madre, la primera cuestión no fue si eras un niño o una niña. ¿Sabes cuál fue la pregunta en ese primer momento? «¿Respira?».

Todos los presentes contienen el aliento, literalmente, mientras el cuerpo físico sale –azul, viscoso y no muy bonito–, hasta que oyen la primera respiración del bebé: «¡Buaaa, buaaa!».

Pero ¿sabes cómo empezó la primera? Con una inhalación, no con una exhalación. No había nada que exhalar. Lo primero fue una inhalación. Y entonces todos sueltan un gran suspiro de alivio.

Inmediatamente después de esa primera respiración,
el bebé pasa del azul al rosa. Ahora está vivo.

Avancemos a toda prisa hasta el final. De nuevo,
ahí está el cuerpo. Todos permanecen muy quietos y en
silencio. ¿Qué esperan? La última respiración, que termina
con una exhalación. Y no vuelve a producirse inhalación.

Así es. Y si estás en el hospital, conectado a un monitor
que pita para indicar que has muerto, aunque aún respiras,
¿a quién crees que le dará un golpe el médico?
¿A ti o al monitor?

El médico no te dará un golpe y te dirá: «¡Idiota,
te has muerto! ¡Mira, lo dice el monitor!».

No, el médico dará un golpe al monitor. «¡Estúpido monitor, mientes! ¡Estás estropeado! Porque esta persona todavía respira».

Tu respiración es tu certificado de vida.

¿Qué es real? La respiración que entra en ti. Es tu existencia.

El día que respiraste por primera vez, todas las posibilidades de fracaso se detuvieron. Eras un éxito. Mientras sigas respirando, tienes éxito. ¿Y esa nueva inhalación? ¡Un éxito! ¿No lo entiendes? ¡Estar vivo es un éxito!

Tu respiración llega de forma espontánea y te trae el regalo de la vida. Y se va para regresar de nuevo. Este pequeño movimiento se repite una y otra vez. Tiene lugar aunque estés absolutamente inmóvil. Aunque no lo decidas. Todos los días y todas las noches. Es todo tu universo. Dentro del reino de ese ir y venir de la respiración está todo tu universo.

Porque un día el aliento saldrá y no volverá. Es curioso,
¿verdad? Sale. Y es la última vez. No vuelve. No habrá
más inhalaciones. En ese segundo tu universo deja de existir.

Para muchas personas desafiar a la muerte es emocionante.
En realidad, cada vez que respiras desafías a la muerte.
No es necesario hacer puenting. Hago puenting cada vez
que inhalo. ¿Te das cuenta del poder de la respiración?

Una persona me envió una carta. Le había sucedido algo terrible y me decía que creía que ya no tenía sentido seguir en este mundo. Mi opinión es que puede que no veas el sentido, pero ten la seguridad de que si respiras, tienes un sentido, aunque no lo veas. Puede que no te resulte evidente ni obvio, pero si respiras, tienes un sentido.

Si después de leer estas palabras te embarcas en un viaje para descubrir ese sentido, será maravilloso. Si crees que tu vida avanza sin rumbo, observa tu respiración.

La muerte es poderosa. No perdona a nadie. Ni siquiera a los planetas. Ni siquiera a los soles ni a los sistemas solares. Ni siquiera a las galaxias. ¿Sabes que lo único que mantiene a la muerte alejada de ti es tu respiración? ¿Te haces una idea de lo poderosa y delicada que es?

¿Cuál es su poder? ¡Mantiene a raya a la muerte! Mientras suceda, la muerte no puede llegar. Y cuando se detiene, no importa lo que hayas conseguido en la vida, cuánto dinero tengas, cuántos amigos tengas, a cuántas personas poderosas conozcas ni cuán musculoso seas.

No prestamos atención a la respiración. No la vemos como un factor importante de nuestra existencia hasta el día en que empieza a marcharse, y entonces se convierte en todo.

Podrías tener todo lo que quisieras, y mucho más.

Sin embargo, sin la respiración (que, por cierto, es aire, un elemento que está en todas partes), estás acabado.

¡No te queda nada! ¡Nada!

Si se te cae el helado al suelo, no te preocupes, puedes comprarte otro. Pero toda la riqueza del mundo no puede comprarte una respiración más.

El tiempo que crees que tienes es una ilusión. Antes de que puedas siquiera prepararte, llega la hora de marcharte.

La red de seguridad de tu vida está hecha de respiraciones. Cuando incluso tu capacidad de hablar desaparezca, la respiración será lo único que seguirá retumbando en ti, y será lo último de lo que serás consciente cuando se desvanezca.

Un poco de aire entra en ti, te trae algo, luego sale, te trae algo, después sale, y así una y otra vez. ¿Cómo empezó tu vida? Con la primera inhalación. ¿Cómo terminará tu vida? Con la última exhalación. Y entre el aire que entra y sale hay una historia.

Una persona se perdió en medio del océano; ahí hay una historia. Una persona se perdió en medio del desierto; ahí hay una historia. Una persona muy rica lo perdió todo; ahí hay una historia. A un sintecho le tocó la lotería; ahí hay una historia.

Pero la historia de las historias es la que transcurre entre el aire que entra y el que sale cuando respiras. Aquí hay una historia asombrosa, la tuya. Es la única historia que sabes que es tuya. Y seguirá desarrollándose hasta la última exhalación.

Eres el beneficiario de esa respiración porque estás vivo.
Si la respiración se detuviera, dejarías de estar vivo. Te dirían
algo así: «¡Oye, tú, fuera!». Fuera de tu propia casa.

Hay personas que dicen: «¡No, nadie puede echarme de mi
casa! ¡Es mi casa! ¡Es mi hogar! ¡Y tengo que defenderlo!».
Las has oído, ¿verdad? Bueno, pero cuando la respiración
se ha ido: «¡Oye, tú, fuera!».

¿Y qué pasa aquí? Me da la impresión de que todo el
mundo dice: «Yo, yo. Yo soy. Yo soy esto y yo soy lo otro».
Pero sin la respiración no hay nada. No hay comprensión
de la respiración. No hay comprensión de lo que significa
estar vivo.

## ¿Qué parte es la más importante?

En cierta ocasión, todas las partes del cuerpo discutieron sobre quién realizaba la función más importante. «Yo soy mejor que tú. Soy más valiosa que tú», proclamó cada una de ellas. Entonces decidieron abandonar el cuerpo de una en una para ver cuánto tiempo podía sobrevivir. Se fueron las manos, luego las piernas y después los brazos, y cuando volvieron le preguntaron al cuerpo cómo había sobrevivido sin ellos. El cuerpo les contestó: «No me ha ido tan mal, en absoluto».

Pero cuando llegó el momento de que se fuera la respiración, todas las demás partes del cuerpo sintieron que perdían la fuerza y la conciencia, así que gritaron: «¡No, por favor, no te vayas! Si te vas, nos moriremos. Ahora lo entendemos. Sin duda la respiración es la parte más poderosa del cuerpo».

Así pues, ¿qué es la respiración? ¿Qué es esta capacidad
sin la cual no puede realizarse ninguna acción humana?
Eso es lo que debes saber y lo que me gustaría que supieras.

El médico se limita a decirte: «Solo le quedan dos meses
de vida». Y en cuanto te ha dicho estas palabras empiezas
a entenderlo. «¡Oh, Dios mío!».

Entiendes que ahora mismo algo te mantiene vivo.
No necesitas saber cómo se llama. Algo te mantiene vivo,
y eso que te mantiene vivo está haciéndote un favor.
Está haciéndote un regalo.

Cuando llegue el fatídico día, te darás cuenta del valor
de la respiración. Sin la menor duda. Pero no podrás
hacer nada con lo que acabas de descubrir. Por eso quiero
que entiendas el valor de la respiración ahora, cuando
aún estás vivo y puedes disfrutar de esa sabiduría.

Tenemos escuelas, universidades y cursos de formación. Para aprender idiomas, hablar, escribir y hacer operaciones matemáticas. Pero en este mundo nadie te forma para que seas tú mismo. Nadie te lo enseña.

Te has pasado la vida intentando ganarte el respeto de los demás. Has hecho todo lo que has hecho por los demás. No vives para ti, sino para los demás.

¿En quién entra el aire de la respiración? ¡En ti! ¡Entra en ti! ¿Puedes darle un minuto de tu vida a otra persona? Si las personas pudieran vender cinco minutos de su vida, ¿crees que habría algún pobre en el mundo? ¡Los ricos pagarían mucho dinero por ellos! Pero no puedes. No puedes dar ni siquiera un minuto de tu vida. Entonces ¿para quién la vives? Tu vida está ahí para que la vivas tú.

¿Qué se te ha dado? Empezó el día en que respiraste
por primera vez. Se te dio la oportunidad de ser, de existir.
Tienes la posibilidad de estar realmente vivo.

Tu vida se inició cuando empezaste a respirar y terminará
cuando dejes de respirar. Es la nota inicial y la nota final
de tu sinfonía.

¿Qué tienes en medio? Si no has aprendido el valor
de la respiración, nada. No eres nada más. La respiración
tiene lugar sin esfuerzo. Siente su movimiento. Se produce
de forma automática.

Que el aire entre en mí es una maravilla. Sin pedirlo.
Sin presionar ningún botón. Sin hacer ninguna llamada
telefónica.

Una respiración tras otra. No tiene nada que ver con
el pasado y tampoco tiene nada que ver con el futuro.
Solo existes en el ahora. No puedes existir en el futuro
ni en el pasado. El futuro son tus deseos y el pasado
es tu memoria. El ahora es pura magia.

Cuando aceptemos la importancia de respirar una y otra vez, nuestra vida se transformará.

Tienes la señal divina ante tus ojos. Mientras respires, tendrás la capacidad de hacer lo que tengas que hacer. ¡Esta es tu señal!

## 2  Solo para ti

Algo se revolvió en la mecánica del universo y te llegó esa respiración solo para ti.

Vives. Existes. Puedes pensar. Puedes ver. Puedes admirar. Puedes tocar. Puedes sentir. Puedes analizar. Puedes reírte. Puedes llorar. Puedes ser padre. Puedes ser madre. Puedes ser hermano. Puedes ser hermana.

Puedes ser lo que eres. Gracias a la respiración.

Piensa en la respiración como en el transcurso del día. El sol empieza a salir despacio, muy despacio. Y por la tarde, sin hacer aspavientos, se pone. Te vas a dormir, descansas y a la mañana siguiente vuelves a despertarte. Así de sencillo. Es lo que sucede a tu alrededor.

Lo más poderoso de tu vida, la respiración, entra en ti sin previo aviso y te llena. Y la vida es respirar. Viene y se va. Tiene un ritmo y una simplicidad. No tienes que hacer nada. Viene y se va.

La canción de la vida se toca con un instrumento llamado respiración. Observa la vida. Observa la existencia.

La respiración llega sin juicios, sin requisitos previos, sin rellenar formularios, sin hacer colas, sin esperas y sin entrar en un punto net ni en un punto com. Simplemente llega. La vida baila e interpreta su función todos los días de la forma más serena y sencilla posible.

No te crearon con un molde para galletas. A todas
las personas las han creado, pero no hay dos iguales.
Ni siquiera los gemelos.

Todo ser humano ha sido creado con gran cuidado,
de forma personal. El hecho de que cada día respiremos
supone que nos han creado con todo detalle.

Tu vida no consiste en segundos, minutos y horas, sino
en cada una de tus respiraciones.

Las personas contemplan los bosques, los desiertos,
las montañas y los mares en busca de la belleza. Pero cuántas
dicen: «Mira esta respiración. ¡Qué preciosidad!». Observa
que la respiración existe y date cuenta de lo hermosa que es.

La respiración llega y me toca como si yo fuera un arpa.
Toca las cuerdas, y una resonancia increíble vibra a través
de todo mi ser.

El cuerpo es tierra, pura tierra. Nueva o vieja, bonita o fea,
pero al fin y al cabo tierra. Y ahora mismo, en esta pequeña
parcela de tierra, está lloviendo. Llueven respiraciones.

¿Sabes lo que de verdad es nuevo? La respiración que
acabas de iniciar. Es lo más nuevo de todo el universo.
Acabas de tomar aire. Y lo has expulsado. Vuelves a tomarlo.
Y a expulsarlo. Y una vez más. Intento señalarte la magia
de tu respiración, que existe. La magia que posee.

Tan en movimiento pero tan quieta, tan obvia pero tan
transparente, tan compleja pero tan simple, tan segura pero
tan incierta, tan valiosa pero tan libre, tan numerosa
pero de una en una, así llega la respiración.

El mismo poder que impulsa el universo nos hace respirar.
Hemos sido elegidos para ser la plataforma de la vida.

# II.
# La importancia de respirar

# 1   Un valioso regalo

Tú, yo y todo el mundo nos juzgamos a nosotros mismos.
«¿Cómo soy? ¿Qué título tengo? ¿Tengo una casa grande?
¿Cuántos coches tengo? ¿Cuánta ropa tengo? ¿Cuántos
anillos tengo? ¿Cuánto dinero tengo en el banco?».

Vemos a una persona y decimos: «Me gustaría ser así. Eso es lo que quiero».

Pero ¿puedes juzgarte a ti mismo con una escala diferente? Me refiero a la «escala de la vida». Entonces verás que te llega el más maravilloso de los regalos: el regalo de la respiración.

Aunque vivieras hasta los cien años, solo serían 36.500 días. No es tanto. Por eso es tan importante es que cada día te sientas satisfecho. Entiende el valor de cada una de tus respiraciones.

Respirar es necesario, y no es algo que tengas que supervisar. En caso contrario, sería como la siguiente historia.

## No me quites los auriculares

Una mujer va a la peluquería y dice: «Quisiera
que me cortara el pelo, pero con una condición:
no me quite los auriculares». El hombre se
queda muy extrañado, pero le contesta:
«No hay problema», y le corta el pelo.

Unas semanas después, la mujer vuelve con
la misma petición: «Quisiera que me cortara el
pelo, pero no me quite los auriculares», le dice
al peluquero.

En esta ocasión el peluquero siente mucha
curiosidad. «¿Qué estará escuchando?»,
se pregunta. Así que, mientras la mujer está
sentada en la silla, le quita los auriculares.

Para su gran sorpresa, la mujer se desploma
y se muere. Él se queda en shock.

Llega la ambulancia y se llevan el cuerpo.
El peluquero está atónito. «¿Qué estaba
escuchando?». Coge los auriculares, se los pone
y ¿qué oye? «Inspira, espira, inspira, espira…».

Hay un reloj fuera y otro dentro. El reloj de fuera va cada vez más rápido, y más, y más. ¿Y qué sucede con el reloj de dentro? Su péndulo oscila cada vez que respiras. No se acelera. Está ahí. Es hermoso y bueno.

¿Te imaginas que tuviéramos que pulsar un botón cada vez que fuéramos a respirar? Nos volveríamos locos. Porque seguramente olvidaríamos hacerlo.

¡Pero no! La respiración llega sin pedirla y sin meter una moneda en una máquina, y trae consigo el regalo más maravilloso de la vida, el regalo más maravilloso de la existencia.

¿Es un regalo? Yo lo llamo un regalo. No importa cómo lo llame yo. ¿Tú crees que es un regalo?

La respiración llega y cada respiración trae consigo la posibilidad de sentirse pleno.

¡Lo que estás buscando está dentro de ti!
Siempre lo ha estado y siempre lo estará.

No es tan complicado. Es muy sencillo. Si lo divino está en todas partes, entonces también está dentro de mí.

Los seres humanos olvidan lo que significa tener respiración.
Pedimos muchas cosas en nuestras oraciones, pero ¿quién
pide respirar? «Una vez más...».

Lo más valioso para ti se te da en abundancia. Pero el hecho
de que se te dé en grandes cantidades no significa que su
valor sea menor. Sigue siendo lo más valioso.

Te relacionas con muchas cosas, pero ¿te relacionas
con tu respiración? ¿La entiendes? ¿La conoces?

Intento recordarte lo que ya sabes. A veces en eso consiste la
claridad. A veces la claridad es recordar quién eres. Entender
lo valiosa que es la respiración y sentirte vivo todos los días.

«Respirar una y otra vez es una bendición». La primera vez que lo oí, pensé: «Sí, claro». Pero a muchas personas les sorprende. Aunque lo saben, dicen: «¡Dios, si estás ahí, envíame una señal!».

¿Qué señal necesitas? La señal está ahí. La señal está justo debajo de tu nariz. Pero las personas no la ven. Quieren un arcoíris, quieren un rayo, pero Dios les da la respiración. «¡Ay! ¿Cómo va a ser la respiración?». ¿Qué? ¿Es demasiado simple para ti?

¿Acabas de respirar? Lo has hecho. ¿Los multimillonarios respiran? ¿Los pobres respiran? Ah, por cierto, ¿cuánto crees que cuesta respirar?

No hay suficiente oro, suficientes diamantes ni suficiente
dinero en el mundo para comprar una respiración.
Y acabas de hacerlo. Una vez más. Y otra. ¡Y es gratis!

Eres muy rico. Date cuenta de la suerte que tienes. Posees
algo que no tiene precio. Recibes un día tras otro algo que
no tiene precio.

Cada día de tu vida sucede algo más importante que todos
tus logros y todos tus errores juntos.

¿Qué es? El constante ir y venir de la respiración.

¿Es posible que el milagro de todos los milagros sea
el ir y venir de la respiración? ¿Es posible que haya vivido
encima de una mina de oro todos los días?

Cada respiración tiene la llave de tu felicidad.

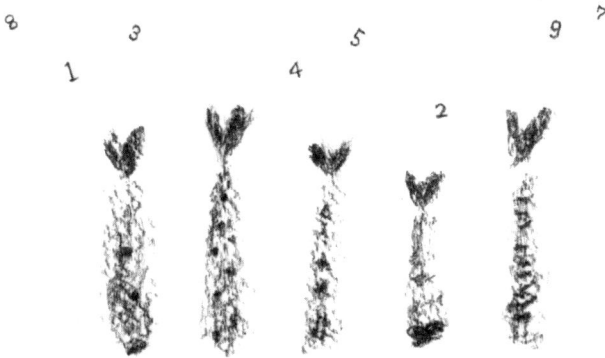

## 2 Finito e infinito

Puedes sentir dentro de ti el momento infinito: llega
de ninguna parte, entra y vuelve a salir hacia ninguna parte,
una respiración tras otra.

¿La respiración es realmente atemporal? Para responder
a esta pregunta tienes que entender lo que la respiración
representa para nosotros. ¿Qué significa?

Tomas aire y estás vivo. La respiración no es solo un
intercambio de oxígeno y dióxido de carbono. En realidad
es la vida, la existencia.

Respirar es para ti la manifestación de la vida. La fuerza
que se extiende por todo el universo te atraviesa en forma de
respiración y te permite existir. Y si existes puedes entender.

Entonces, y solo entonces, la respiración se vuelve atemporal, porque tu comprensión es atemporal.

Así has intercambiado lo finito por lo infinito. Te has convertido en el mejor alquimista. Has cogido tierra, has cogido polvo y lo has convertido en algo que no tiene precio. Has cogido algo muy común y lo has convertido en algo que es poco común.

Has entendido que estar aquí no solo consiste en que pase el tiempo. Has escapado de él y te has atrevido a tocar lo atemporal. Lo finito, y tú lo eres, se ha atrevido a alcanzar lo infinito. Y es entonces cuando la respiración se vuelve atemporal. Es entonces cuando tu existencia se vuelve atemporal.

Una inhalación y una exhalación. No puedes hacer ambas al mismo tiempo. Sin hacer nada, tanto si estás dormido como si estás despierto. En este mundo de cambios infinitos se ha colocado dentro de ti algo que no cambia.

Una respiración no parece gran cosa, pero observa un poco más y encontrarás una existencia. Observa un poco más y en esa existencia encontrarás la sed que debe saciarse. Después observa un poco más y encontrarás el pozo infinito de esa agua por la que existe la sed. Y cuando puedas beber esa agua, te sentirás saciado.

Una persona es solo tierra, pero ¿qué ha decidido venir a residir en esta tierra?

Vuélvete hacia tu interior y siente la respiración. ¡Es el milagro más increíble que existe!

¡La tierra puede bailar! ¡La tierra puede hablar! Qué poco natural.

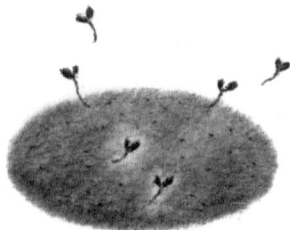

Pero lo hace con tanto encanto y tanta gracia que resulta del todo natural que la tierra hable, que la tierra piense y que la tierra sea lo más importante.

La fuente de la alegría que deseas, que siempre estará ahí, está dentro de ti, no fuera. Tengo un corazón, y pasarlo por alto es lo más ilógico sobre la faz de la tierra. ¿Cómo es posible que no entienda que el agua saciará mi sed? Pero ¿dónde se encuentra el placer que proporciona el agua? ¿Está en el agua o está en mí? El dulzor del mango está en el mango, pero disfrutar de ese mango está dentro de ti. Saciar la sed es la posibilidad. Es la cualidad del agua, pero el placer de saciar la sed está dentro de ti. Lo que estás buscando está dentro de ti. El lugar más sagrado de todo el universo está dentro de ti.

Es para mí un placer recordarte el regalo tan hermoso
e increíble que has recibido: la vida, la respiración.
¡Disfrútala! Porque es lo único para lo que no tienes
límites. ¡Disfrútala todo lo que puedas y un poco más!

No hay realidad más real que la realidad de estar vivo.
Puedes sentirla. Es el «sentimiento» más grande que existe.
Ahora simplemente conecta esta increíble máquina de
sentimientos al sentimiento supremo y lo habrás conseguido.

Qué suerte que el sentimiento supremo esté dentro
de nosotros. Ni siquiera tenemos que buscarlo.

Imagina lo atemporal, lo infinito. Aquí. Y puedes unirte
a ello. En ese momento la respiración se vuelve atemporal.

Date cuenta de que hay una dulce realidad muy alejada de todo lo que ves frente a ti. Hay una hermosa realidad muy diferente de todo lo bueno y lo malo que está sucediendo.

## Bueno / Malo

Un día un hombre perdió su caballo. Entonces fue a ver a un sabio y le dijo: «Mi caballo se ha escapado».

El sabio le preguntó: «¿Crees que eso es malo?».

El hombre le contestó: «¡Sí, es terrible! Quería mucho a ese caballo».

El sabio le replicó: «Quizá de ahí salga algo bueno».

Unas semanas después el caballo regresó con otro caballo. Entonces el hombre volvió a ir a ver al sabio y le dijo: «Muchas gracias por tu consejo. Es verdad que ha salido algo bueno».

El sabio le preguntó: «¿Crees que eso es bueno?».

Y el hombre le contestó: «Claro que sí, creo que es muy bueno, porque el caballo ha vuelto con otro caballo. Ahora tengo dos bonitos caballos».

El sabio le dijo: «Quizá de ahí salga algo malo».

Poco después, el hijo del hombre cabalgaba a lomos del nuevo caballo cuando se cayó y se rompió una pierna. El hombre volvió a ver al sabio y le dijo: «Tenías razón. Ha sucedido algo malo. Mi hijo se ha caído y se ha roto una pierna».

El sabio le preguntó: «¿Crees que eso es malo?».

El hombre le contestó: «Sí, creo que es terrible».

El sabio le dijo: «Quizá de ahí salga algo bueno».

Estalló una guerra, y el rey pidió que reclutaran a todos los jóvenes para que fueran a luchar. Pero como el hijo de aquel hombre tenía una pierna rota, no lo reclutaron.

Todo cambia. Si crees que las cosas van bien, espera un poco.
Todo cambiará. Si crees que las cosas van mal, espera un
poco. Todo cambiará. Tú cambias. La mente cambia.
Los pensamientos cambian. Las ideas cambian. El mundo
cambia. Todo cambia, cambia y cambia.

Una cosa no cambia: el ir y venir de la respiración. Viene
y va, una y otra vez. Y cuando deja de hacerlo, todos los
cambios se detienen. Para ti, todos los cambios se detienen.

Encuentra a tu amigo dentro de ti. Encuentra tu consuelo
en este don. Encuentra tu alegría en esta realidad. Encuentra
tu refugio en este hermoso lugar. Siente esta alegría. Siente
esta belleza. Es para ti, para que puedas estar contento.

Hay momentos en que los problemas se vuelven tan irresolubles que toda la fuerza que creías tener se desvanece. Las olas son enormes. El barco es pequeño. ¿Qué haces? No es un viaje de placer. Tanto si avanzas como si retrocedes, las olas son las mismas.

¿Dónde está anclado el barco de tu vida? ¿Qué precauciones has tomado? Esta es la cuestión. No puedes controlar el tamaño de las olas, pero sí puedes tomar precauciones. Cuando hayas encontrado la manera de anclarte en ese mar, en la respiración, habrás tomado las precauciones adecuadas y correctas. En la respiración encontrarás tu hogar. En la respiración encontrarás tu ancla. En la respiración encontrarás tu realidad.

¿Llegarán tormentas a tu vida? Sí, por supuesto. ¿Llamará la confusión a tu puerta? Por supuesto. ¿Te verás en situaciones dramáticas que no podrás controlar? Por supuesto.

Pero recuerda que incluso cuando la tormenta más salvaje te engulla, cuando se haya desatado el caos, cuando la noche no pueda ser más oscura, seguirás teniendo una lámpara encendida dentro de ti. Incluso cuando creas que nada puede ir peor, y no subestimo lo mal que puede ir. Mientras sigas respirando, lo divino seguirá a tu lado. Cuando las tormentas te hagan sentir débil, recuerda que la mayor fuerza se encuentra dentro de ti.

Agradece cada respiración. Ata tu barco a lo eterno.
Tu barco estará seguro. Si atas tu barco a lo cambiante,
se hará pedazos. Cuando el corazón está lleno, la vida es
maravillosa. Para el corazón, un día salvado es una vida
reparada.

Tu potencial es la capacidad de comprensión. Entiende
lo eterno. Entiende la vida. Entiende la alegría. Entiende lo
que es ser humano. Y despierta cada día a la posibilidad
de que tu corazón esté lleno.

Aprende a relacionarte con esta perfección que baila dentro
de ti. Es entonces cuando empiezas a entender la respiración
eterna.

Bastará con un momento. Se te ha dado toda una vida para experimentarla, para conocerla, para observarla, para disfrutar de ella y para sentirla.

Mientras el aire que respiras siga entrando en ti, el infinito te besará.

# 3 Conócete a ti mismo

Lo más sencillo sobre la faz de la tierra es tomar aire
y expulsarlo. Sal a la calle y contempla el amanecer
o la puesta de sol. Observa la belleza, la fuerza de todo
el universo en acción, la tierra girando contigo en él,
con ese aire que entra y sale de ti, con el deseo de llenar
tu corazón. No hay nada más sencillo.

No es necesario glorificarlo. Esta historia del ser humano
solo requiere que la contemos.

Cada día supone un desafío y una aventura.
Es una aventura de comprensión. No se trata de escalar
montañas. La montaña más alta que escalarás en tu vida
es la montaña de la comprensión.

En cuanto escalas esa montaña, es una verdadera conquista,
porque comprendes. ¿A quién comprendes? Te comprendes
a ti mismo.

Cada día que respiras es un día perfecto. Si cada día que
se te da es perfecto, ¿quién hace que tu día sea imperfecto?
Tú eres la persona que sostiene la balanza, la inclina
y le da la vuelta.

¿Qué eres? Por un lado, el noventa y nueve por ciento de ti
es oxígeno, hidrógeno, calcio, carbono, nitrógeno y fósforo.
Eso es todo. Cada día te desprendes de diez mil millones
de escamas de piel muerta. Es decir, más de dos kilos de piel
muerta al año.

¿Quién eres? Eres el instrumento perfecto, y cuando
este instrumento está afinado, puede producir los tonos
más verdaderos y hermosos.

Hasta ahora solo has permitido que tu mente toque el instrumento que eres. De vez en cuando oyes una fuerte vibración y te parece una nota agradable, pero hasta ahora no ha sonado ninguna buena sinfonía.

Mantente en sintonía con la realidad que está dentro de ti. Entonces oirás de lo que es capaz este instrumento. Cuando te sientes pleno, la pasión, la alegría y la satisfacción que surgen de este instrumento son únicas.

Mírate en el espejo del corazón y verás tu verdadero rostro. Empezarás a observar el milagro que eres. Entenderás que has sido creado por la bondad. Que existes por la bondad. Que la bondad te ha hecho el regalo de respirar.

Si no ves tu corazón, si no ves lo divino en ti, si no ves tu fuerza, si no ves que respirar es un don, es porque estás muy lejos. Tan lejos que no puedes verlo. Acércate. Acércate a ti mismo.

Hay un corazón. Hay un reconocimiento. Hay una comprensión. Hay un valor. Hay un sentimiento. Hay una sed. Mucha gente dice: «No tengo sed». Si no tienes sed, es porque estás muy lejos. Acércate a ti mismo. Si no te das cuenta de que quieres sentirte pleno en esta vida, es porque estás muy lejos. Acércate a ti mismo. Cuanto más te acerques, más claro lo verás.

La verdadera excelencia comienza cuando una persona se enamora de su vida, de su existencia.

Los conceptos son las cadenas que te atan. Te impiden ver la hermosa realidad de todo. La hermosa realidad de la respiración.

# El rey de la selva

Un día iba un conejo por la selva cuando
le salió al paso un león enorme. ¡Enorme!
El león le dijo: «Voy a comerte».

El conejo pensó: «¡Estoy acabado! Tengo que
pensar en algo enseguida». Entonces le contestó
al león: «¡No! No puedes comerme».

El león miró al conejo y le dijo: «Mira, solo eres
un conejito. Mis dientes son más grandes que
los tuyos. ¿Cómo te atreves a decirme que no
puedo comerte? Claro que puedo».

El conejo le replicó: «No, no puedes comerme
porque soy el rey de la selva».

El león rugió: «No, tú no eres el rey de la selva. El rey de la selva soy yo».

«No, yo soy el rey de la selva. Y puedo demostrártelo», le contestó el conejo.

El león le dijo: «¡Muy bien, demuéstramelo!».

El conejo le propuso: «Sígueme y verás que todos los animales de la selva me tienen miedo».

Así que imagínate a un pequeño conejo seguido de cerca por un gran león. Cuando los demás animales veían que el león se acercaba, se asustaban muchísimo y huían a toda prisa. El león se quedó asombrado. «Es verdad. Todos los animales le tienen miedo a este conejo».

El león se dio la vuelta y echó a correr.

¿Lo ves? Esto es lo que pasa. Esto es lo que pasa cuando no sabes quién eres. En esta vida, en esta existencia está el regalo más grande que jamás recibirás.

El otro día vi un documental filmado en Egipto sobre el hallazgo de una momia. Los antropólogos, los profesores y los doctores preguntaban: «¿Quién era? Tenemos que descubrir quién era».

La momia era como serás tú. Si alguien te encontrara dentro de tres mil años, diría: «Aquí había alguien. ¿Quién era?».

Seguramente no eres antropólogo. Yo no soy profesor.
Sin embargo, te hago la misma pregunta: «¿Quién eres?».
Pregúntatelo mientras estés vivo, porque la respuesta es profunda. Sócrates ya lo dijo: «¡Conócete a ti mismo!».
Cuando te observas a ti mismo suceden cosas asombrosas.

¿Sabes quién eres? Eres el custodio de lo más sagrado que existe. Eres el custodio de ese increíble milagro que es tu respiración constante. Eres el custodio de lo más hermoso del mundo, que llamamos «conocimiento». Eres el custodio de la profunda fuerza de ser bueno, de la profunda fuerza que llamamos «alegría» y de la profunda fuerza que llamamos «claridad».

A los seres humanos nos atraen las distracciones. Se trata de un mal hábito que te priva de las cosas esenciales que necesitas para hacer de tu vida una ocasión hermosa. ¿Te das cuenta de cuál es la diferencia entre un mago y un carterista? El mago te devuelve la cartera.

La regla básica de los magos y de los carteristas es la distracción. Ambos tienen que distraerte.

Un carterista cogerá un billete de cinco dólares y lo tirará al suelo mientras estás esperando con tu equipaje. Su cómplice se acercará a ti y te dirá: «Disculpe, creo que se le ha caído un billete de cinco dólares». Te agachas para recogerlo y tu equipaje ha desaparecido. Distracción.

No te distraigas. Céntrate.

¿Qué perderás si no te centras? ¿Qué te robará el carterista? Cuando no te centras, lo que pierdes es la comprensión de cada una de tus respiraciones. Esto es lo que te roban. Ya no reconoces lo que te trae el regalo de la vida. Ya no reconoces la existencia. Ya no reconoces la pasión del corazón. Ya no reconoces tu propia sed. Ya no reconoces tu necesidad de plenitud. Un juego de manos y desaparece.

Sabemos lo increíble que es estar vivo, pero dejamos
que nos abrumen cosas tremendamente triviales.
Una hoja que mueve el viento tiene más fuerza que
algunas de las cosas que permitimos que nos distraigan.

Así es el mundo. La inconsciencia prevalece.
Y mientras todo este drama tiene lugar, tomas aire,
se produce el milagro, sueltas el aire, y vuelta a empezar.

Ábrete a entenderte a ti mismo, a lo que reside en ti.
A no tener miedo en la vida, ni confusión, sino gratitud.
A no tener preguntas en la vida, sino respuestas. A no tener
fealdad en la vida, sino belleza. A no tener un árido desierto
en la vida, sino un campo fértil que produce la cosecha
de la satisfacción todos los días.

Conocer todas las cosas de este mundo está muy bien.
Pero si no sabes quién eres, tu conocimiento es incompleto.
¿Sabes quién eres? En este momento en que estás vivo, eres
el beneficiario del regalo más hermoso, más abundante
y más divino de todos. Porque estás vivo, eres el beneficiario
de tu respiración.

Sin la respiración no tienes personalidad ni vida.
La respiración es tu luz. Es tu luz en esta oscuridad.

# 4 Aceptación

Acepta esta sencillez. Acepta esta alegría en tu vida. Da un paso más cada día hacia tu corazón. Da un paso más cada día hacia tu existencia. Conviértete cada día en un verdadero discípulo de la respiración.

Cuando respiras, y acabas de hacerlo, no puedes decir: «Llevo sesenta años respirando, así que no pasa nada si no respiro durante seis horas». Sí, sí que pasa. Necesitas cada una de tus respiraciones. Debes aceptar, sentir y comprender la alegría y la paz cada día.

Sé un aprendiz. Aprende algo de la vida todos los días,
porque la vida está dándote la oportunidad de aprender.
Está enseñándote el valor de cada respiración. Está
enseñándote el valor de la existencia.

## Cartas sin abrir

Esta es la historia de un hombre que solía
soñar con todas las cosas que quería en la vida.
Soñaba con casarse con una chica guapa,
con tener un cargo en el gobierno, con tener
un buen sueldo y con tener tierras.

Se le daba muy bien soñar, pero no tenía
el menor sentido de la realidad. De hecho,
no prestaba atención a lo que sucedía a su
alrededor. Pasaba por alto incluso las cartas
que recibía, y ni siquiera las abría.

Un día, cuando ya era viejo, pensó en su vida.
Pensó en sus sueños y lamentó que ninguno de
ellos se hubiera hecho realidad. Se sentó en el
comedor de su casa y de repente se dio cuenta
de la enorme pila de cartas que había acumulado
a lo largo de los años. Y empezó a abrirlas.

Para su sorpresa, encontró una carta escrita hacía mucho tiempo por su novia diciéndole que quería casarse con él. La llamó y ella le dijo: «Te esperé, pero no recibí respuesta, así que seguí adelante y me casé con otro».

Abrió otra carta y era del rey, que lo citaba para ofrecerle un trabajo estupendo. Llamó al palacio y el rey le dijo: «Lo esperé mucho tiempo, pero nunca me contestó, así que le di el trabajo a otra persona».

A medida que abría las cartas, se dio cuenta de que todos sus sueños se habían hecho realidad, pero él no estaba allí para aceptarlos. Si hubiera visto la realidad, no estaría lamentándose. Podría estar celebrándola.

Lo que sucede en esta historia también nos pasa a nosotros.

Tenemos nuestros sueños, nuestras esperanzas y nuestras aspiraciones, y en la base de toda esperanza y de todo sueño está el deseo de sentirnos plenos, el deseo de ser felices y el deseo de estar satisfechos.

La respiración es la carta que nos llega cada día. Pero no la abrimos porque estamos demasiado ocupados soñando e intentando encontrar fórmulas e ideas para estar contentos. Pero también la felicidad está incluida en cada uno de esos sobres de respiración que nos regalan. Los vemos y empezamos a abrirlos cuando ya es demasiado tarde. Solo entonces entendemos lo valiosos que son y nos damos cuenta de los muchos que hemos desperdiciado.

Es muy importante que en este tiempo que tenemos
reconozcamos lo que se nos ha dado, que reconozcamos
la realidad de la existencia, que es tan hermosa, tan real
y tan simple, y que es un gran don.

Maravíllate cada día ante el poder que hace que salga el sol, que ilumina la luna.

Nos quedamos atrapados en nuestras ideas de cómo deberían ser las cosas.

La persona de la que de verdad estás enamorado está dentro de ti, y por su propia naturaleza no puede abandonarte hasta el final de tu vida. Por su propia naturaleza, la respiración que llega a ti cada momento es inseparable de ti.

Enamórate de ella porque es hermosa. Acepta tu respiración. El día que lo hagas, será el acto de adoración más increíble que hayas realizado jamás.

Despertar es una transición del sueño a estar despierto, del rechazo a la aceptación, de pasar por alto cada respiración a aceptarlas todas.

¿Tienes tiempo para respirar?

«No me molestéis. Estoy ocupado reconociendo el regalo de mi respiración. Estoy ocupado recibiendo el regalo de la existencia».

Cada respiración es una bendición. Sé un pescador. Lanza la red a tu interior y atrapa todos los dones que puedas. Sácalos de lo más profundo de ti.

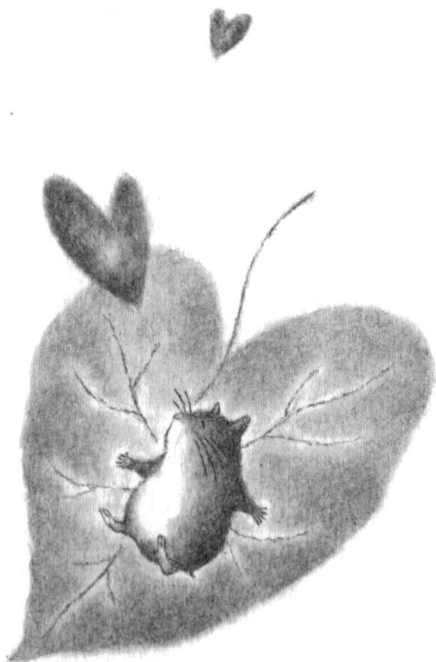

# 5 Disfrutar de la vida

Disfruta de la respiración. ¿Quién en todo el mundo te dirá que disfrutes de tu respiración? Te dirán que disfrutes de la comida, que disfrutes de las vistas, que disfrutes de la película, que disfrutes de la canción y que disfrutes del vuelo. ¿Quién te dice que disfrutes de tu respiración?

Si te sintieras cómodo con tu existencia, con tu vida, con este momento y con tu respiración, alcanzarías un reino de alegría sin igual.

Disfrutar de cada respiración una a una, entenderlas y ser capaz de observar tu interior. Este es el verdadero arte de vivir.

Pregúntate si has llegado a un punto en tu vida en el que puedes decir: «Es importante que esté en contacto con la magia de la vida que late dentro de mí, con esta marea de respiraciones que vienen y van».

Las pequeñas bellotas de mar se adhieren a veces a una pared
de la orilla. Como no pueden moverse muy rápido, cuando
baja la marea quedan expuestas y se secan. Entonces esperan
a que la marea vuelva y les traiga el sustento. Toda su
existencia, cada momento, consiste en esperar, esperar
y esperar a que la vida regrese de nuevo.

¿Tienen estas criaturas un gran cerebro? No. Si lo tienen,
es el justo para sobrevivir. Pero saben cuándo llega el mar.
Lo saben y esperan.

Se centran en una sola cosa. Su prioridad es una. Esperar
a que el agua milagrosa vuelva y les lleve el sustento, les lleve
el regalo más asombroso de la vida. Nadie puede hacer este
regalo. No se vende en las tiendas. Pero se concede todos
los días. En todas partes se concede el regalo de la vida.

¿Y qué tengo? Tengo ojos que ven. Tengo oídos que oyen.
Puedo sentir. Puedo comprender. Entonces ¿por qué
no intento comprender este regalo de la vida? ¿Por qué no
intento capturar este sentimiento dentro de mí cuando este
milagro da forma a mi existencia? Debo centrarme en
la vida como las bellotas de mar.

Cuando se produce el milagro, la vida sabe cómo celebrarlo.
Las pequeñas bellotas de mar se abrirán, sacarán sus
minúsculos apéndices y bailarán en el agua. De alguna
manera, el mar poderoso, atronador y destructivo llega
y le trae un regalo a la pequeña bellota de mar todos
los días. Y la criatura lo celebra.

La misma fuerza que les llega a ellas también nos llega a
nosotros. ¿Sabemos cómo celebrar que respiramos una
y otra vez?

Que cada respiración sea para ti y para mí como una gota de agua para el sediento, como la esperanza para el desesperado, como el sol para el girasol, como el néctar para la abeja y como la comida para el hambriento.

Algo a lo que todo ser humano puede recurrir, y aun así carece de ello, es el aprecio. Los médicos no te lo dirán. No aparece en los análisis de sangre. No se hacen análisis de sangre para valorar los niveles de aprecio, aunque todos tenemos deficiencia. No conocemos la belleza de las cosas que se nos han dado. No entendemos la belleza de la respiración.

En cuanto entiendas la belleza de la respiración, ¿cómo no vas a apreciarla? Así que apréciala. Disfruta de ella. Cuando disfrutes de este sentimiento, a veces derramarás lágrimas, no de tristeza, sino de alegría.

Entonces empezarás a entender la diferencia entre ambas.
No experimentarás la emoción de la oscuridad, sino los
primeros rayos de esa luz que emana del corazón.

No se trata de dolor ni de sufrimiento. Se trata del otro
extremo del espectro: de celebrar de verdad cada respiración
que llega. ¿Por qué es tan hermosa? Toda la lógica del
mundo no es comparable con aceptar y disfrutar de lo
que el corazón te ofrece. El corazón forma parte de ti tanto
como el cerebro. Concédele la importancia que necesita.
Dedícale el tiempo que necesita, y tu vida empezará
a cambiar.

Tenemos que darnos cuenta de cuándo se ha instalado
la confusión. La tolerancia no es una buena alternativa.
Si nos insensibilizamos ante esas cosas, ¿cómo vamos
a ser capaces de reconocer la alegría en nuestra vida?
¿Cómo vamos a ser capaces de celebrar el ir y venir
de la respiración?

El ser humano está hecho, por defecto, para experimentar
esta alegría. No hay nada que la supere. Los dados están
trucados. No es juego limpio. Los dados están trucados
a favor de la plenitud. De alejarse de la oscuridad.
De ser uno con nuestra respiración. De disfrutar,
bailar y jugar con serenidad.

No es una simulación.

Lo que llegas a conocer es esta respiración, este momento
llamado ahora. Llegas a sentir la plenitud.

Balancéate. Balancéate en el vaivén de tu respiración.
Vuelve a ser un niño.

Una respiración, y otra, y otra. Es lo más importante
de tu existencia.

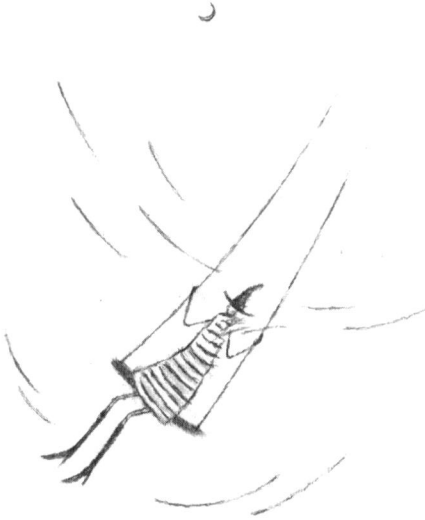

Las personas se preguntan: «¿Por qué una flor huele o tiene un aspecto determinado?». Puede que nunca lo sepas. La flor se ha convertido en flor para las abejas, no para ti. Tú no tienes el espectro de luz que pueden ver las abejas. A quienes las flores ofrecen su néctar es a las abejas.

Te acercas la florecita a la nariz y dices: «¡Qué bonita! Hum, ¡qué bien huele!». Pero la pequeña abeja mira la flor y dice: «¡Allá voy! ¿Tienes dulce néctar para mí? Dámelo». Vuela con sus diminutas alas hasta la flor y busca el néctar.

Tú tienes la nariz más grande, tienes GPS, tienes teléfonos móviles y tienes Boeings 747, pero cuando se trata de recoger la pequeña cantidad de néctar de esa flor, la abeja te supera en tecnología.

En cuanto la abeja ha elaborado la miel, puedes llevarla en tus Boeings 747, tus Gulfstreams, tus Learjets y tus Citations, pero la abeja tiene la tecnología para encontrar el néctar y disfrutar de él.

Tú también tienes que convertirte en abeja y empezar a buscar la flor de la vida. En cada respiración hay una flor, y en cada flor hay un poco de néctar. Extiende tus alas, encuentra esa flor y ese néctar en cada respiración y siéntete pleno. Llena tu copa de esa increíble y dulce miel extraída de las flores de la respiración.

Me sentaré y daré la bienvenida a mi respiración. Entraré en mi interior y sentiré la paz en mi corazón. Sentiré la alegría y permitiré que entre en mi vida. Reconoceré mi sencillez. Reconoceré mi respiración y con los brazos abiertos abrazaré la alegría y la belleza que habitan en mí.

Un adicto a la alegría en tu vida, eso eres. Las personas respiran hondo y lo llaman suspiro. Las que entienden lo que significa la respiración dan la bienvenida a un nuevo día, a un nuevo momento. Qué hermoso. Qué valioso. Porque lo que perseguimos es una causa muy noble: sentirnos plenos.

Sabemos celebrar cumpleaños. Sabemos celebrar bodas.
Incluso sabemos celebrar inauguraciones de edificios.
Pero no sabemos celebrar el hecho de ser quienes somos.
Habrá momentos difíciles y habrá momentos fáciles,
pero no olvides celebrar tu existencia.

# 6    Un corazón agradecido

Cada día que podemos dar las gracias por el regalo de
la vida es un día que ha merecido la pena vivir. El ciclo se
ha completado. El sol no ha salido en vano. El sol no se ha
puesto en vano. Respirar no ha sido en vano. La rotación
de la tierra y el movimiento de todo el universo no han sido
en vano.

¿Qué sienten la mayoría de las personas todos los días?
Sienten confusión. ¿Qué se preguntan? «¿Adónde va
todo esto?».

Los seres humanos somos los más afortunados. No
deberíamos preguntarnos: «¿Adónde va todo esto?».
Deberíamos decir: «Gracias por adonde va. Gracias por
esta respiración. Gracias por esta vida. Gracias por el día
de hoy».

Me asombra la fuerza de esta existencia. Me asombra
el poder de esta respiración. Me asombra este motor
que mueve, da forma, empuja, moldea y evoluciona.

Yo también tengo esa misma vida, esa existencia. Y en mi
vida debo hacer todo lo posible para rendir el más magnífico
homenaje a esa existencia y a esa respiración, todos los días
de mi vida.

Cuando soy yo, soy el más feliz. No me refiero a cuando
estoy solo. No tiene nada que ver con estar solo. Cuando
soy el que soy, el que respira y siente gratitud en su corazón
por estar vivo, soy yo. Y doy las gracias por estar vivo.

Gracias por esta vida. Gracias por esta respiración. Gracias
por esta existencia.

Las personas preguntan: «Vale, ¿y a quién le doy las gracias?». ¿Qué importa? A quien tengas que darle las gracias las recibirá.

No puedes explicar la respiración. Tienes que respirarla. No puede explicarse. Solo puede sentirse. Si empiezas a entenderlo, se te abrirá una puerta totalmente distinta. No mediante explicaciones, sino sintiendo el valor y la alegría de la vida. Tu verdadera responsabilidad es dar las gracias a ese maravilloso poder que ha hecho posible que estés vivo.

En su forma más pura y potente, lo que agradezco es la vida, que es un regalo en sí misma. No lo que me permite hacer, sino la experiencia de existir en este mundo ahora.

Cuando aprendas a expresar gratitud, sabrás en qué consiste vivir.

Así puede ser la gratitud, no solo por un momento, sino fluyendo todo el tiempo. Y por lo que doy las gracias es por la respiración. ¡Por estar vivo! Si no la agradeces, que des las gracias por cualquier otra cosa no sirve de nada. Porque sin la respiración, sin la vida, sin la existencia, no hay nada.

El poder de la respiración llega a ti, aunque estés rodeado de muchas cosas que quisieran robártela. Dentro de ti hay una sabiduría que desafía toda ignorancia. Tu luz interior desafía la oscuridad que te rodea. Dentro de ti hay un pozo que desafía la sequía que te rodea. El día que descubras esa sabiduría, el día que descubras esa luz, el día que descubras esa belleza, te llenarás de gratitud. En ese momento perfecto de gratitud, todas las distracciones se desvanecen.

Incluso en tu último aliento, debes estar agradecido por la vida. Conviértelo en tu objetivo. Es como darle las gracias al anfitrión. «Oye, ha estado muy bien. Ha sido un viaje excelente. Lo he pasado de maravilla».

Las personas que saben aceptar los dones que han recibido
en la vida son afortunadas. Pueden decir con humildad:
«Sí, sí, respiro. Doy las gracias por cada respiración,
por todas y cada una de las veces que respiro».

La gratitud no es algo que pensamos, sino algo que sentimos.
La canción de la gratitud suena para mí cuando viajo del
exterior al interior.

No hay mejor oración que expresar gratitud.

# III.
# La paz a través de la respiración

# 1 Un campo abandonado

La paz es una necesidad fundamental. La paz no es un lujo. La paz no es una palabra. La paz es un sentimiento.

Del mismo modo que necesitamos dormir, comer, beber agua y respirar aire, necesitamos paz en nuestra vida.

Sin paz, nuestro funcionamiento se desmorona, nuestro pensamiento básico se desmorona, nuestras percepciones se desmoronan y no podemos seguir funcionando como seres humanos. Por eso la paz es importante.

La paz ya está dentro de todas las personas. Se trata solo de cultivar lo bueno.

¿Cuál es la diferencia entre un jardín y un campo abandonado? Uno lo han cultivado. Han plantado rosas. Han regado el césped. Crecerán bonitas flores. En el campo abandonado también crecen cosas, pero son malas hierbas, y hay basura por todas partes.

El mundo está sumido en la confusión y el dolor porque hemos abandonado ese campo.

El éxito y el sufrimiento pueden atravesar nuestra vida, pero la paz es constante.

# El cielo y el infierno

Había una vez un rey que tenía que atacar
el reino vecino. Así que se pasó toda la noche
pensando: «¡Puede que muera! Puede que me
maten. ¿Iré al cielo o al infierno? ¿Iré al cielo
o al infierno? ¿Iré al cielo o al infierno?».
Se pasó toda la noche preocupado, dándole
vueltas a esta pregunta. «¿Iré al cielo o
al infierno, al cielo o al infierno, al cielo
o al infierno?».

Al día siguiente se puso la armadura y montó
en su caballo. Se puso en marcha, seguido por
su gran ejército. Pero su preocupación no había
desaparecido y no dejaba de preguntarse:
«¿Iré al cielo? ¿Qué es el cielo? ¿Qué es el
infierno? ¿Qué es el cielo? ¿Qué es el infierno?».
Estaba muy preocupado, muchísimo.

De repente vio a un sabio que se acercaba en sentido contrario. El rey galopó hasta el hombre, se bajó del caballo y le dijo: «Quisiera hacerte una pregunta. ¿Qué es el cielo y qué es el infierno?».

El sabio le contestó: «Lo siento, no tengo tiempo. Debo llegar a un sitio y voy con retraso».

El rey se puso furioso. «¿No sabes quién soy? ¡Soy el rey! Te he hecho una pregunta muy sencilla: "¿Qué es el cielo y qué es el infierno?", ¡y no me contestas! ¿Qué pasa contigo?». La rabia del rey iba en aumento. Estaba cada vez más enfadado.

El sabio le contestó: «Rey, ahora estás en el infierno».

El rey se quedó estupefacto, pero de inmediato lo entendió. «¡Dios mío! ¡Este hombre es de verdad un sabio! ¿Qué he hecho? Le he hablado a gritos». El rey le dijo: «¡Lo siento muchísimo! ¡No me he dado cuenta! ¡Tienes toda la razón! Tus palabras han sido sabias y maravillosas. ¡Te agradezco mucho lo que me has dicho! ¡Gracias, gracias! Lo tengo claro. ¡Lo entiendo! Estaba de verdad en el infierno».

Y el sabio le contestó: «Rey, ahora estás en el cielo».

¿Estás en el cielo? Porque si no lo estás, ese es tu sitio.
El infierno no es bueno para ti.

Tienes que sentirte esperanzado todos los días. Tienes que
sentir el cielo todos los días. Tienes que sentir paz todos
los días. Una vez no es suficiente.

¿Puedes vivir comiendo una sola vez en tu vida? No.
¿Necesitas beber agua todos los días? ¡Sí! ¿Necesitas dormir
todas las noches? ¡Sí! Y del mismo modo necesitas estar en
paz todos los días.

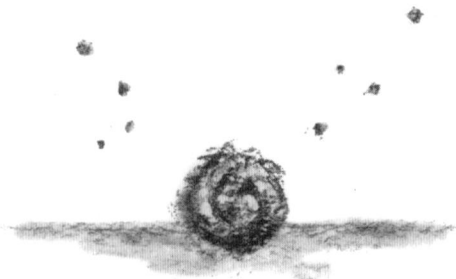

La inspiración para estar en paz llega cuando escuchas tu corazón. No oímos el deseo del corazón de estar contento. De estar alegre. De sentir gratitud todos los días. De recibir la inspiración de la magia de todas las magias, la más milagrosa, el ir y venir de la respiración.

Hemos olvidado lo que es estar vivo. En lugar de celebrar nuestra existencia, estamos dispuestos a matarnos unos a otros. ¡Qué vergüenza! Sea cual sea la razón.

Oímos decir: «En el mundo hay muchas personas que pasan hambre». ¿Por qué crees que pasan hambre? ¿Porque las crearon así? No. Pasan hambre por la avaricia humana. ¿Crees que no producimos suficiente comida? La mitad de la producción total de alimentos en este planeta se desperdicia año tras año. Se podría alimentar fácilmente a todo el mundo.

¿Pobreza? ¿Quién creó la pobreza? Las personas crearon la pobreza. Es la avaricia: «¡Mío, mío, mío, mío, mío!».

A pesar de todas las cosas horribles, hay esperanza. Los seres humanos podemos caer así de bajo, pero también podemos subir tan alto como para marcar la diferencia.

# Los postres del rey

El rey mandó llamar a su cocinero. «Hoy quiero que me prepares el postre más delicioso», le dijo. El cocinero asintió y volvió a la cocina. Puede que no parezca una petición descabellada, pero es lo que sucedía todos los días. El rey quería el postre más delicioso todas las noches. Y el cocinero empezaba a estar harto de esa rutina.

Todas las noches el rey cenaba, pero preparara el cocinero lo que preparase, el rey no se quedaba satisfecho. Noche tras noche, el cocinero lo oía repetir: «El postre más delicioso». Pues bien, un día decidió hacer algo al respecto. Le ofrecería al rey un postre que no olvidaría. ¡Y el rey no lo olvidó!

Después de la cena le sirvieron al rey el postre más suntuoso. El aroma invadió el palacio. Todos los que lo olían sentían que se les hacía la boca agua. Esa noche el cocinero se había superado.

Cuando el rey empezó a disfrutar del postre, se dio cuenta de que el maravilloso olor había atraído al comedor real a todos los ratones de los alrededores del palacio. Estaban por todas partes. La mesa empezó a llenarse de ratones. Trepaban por las cortinas y ni siquiera la barba del rey se libró de los ratones, que saltaban en busca de las migajas.

Fue un desastre real. Había ratones por todas partes: en la alfombra, en los cuadros y los tapices, y seguían llegando más.

Tuvieron que convocar una reunión de emergencia para decidir cómo solucionar el problema. El rey carraspeó y dijo: «¿Qué vamos a hacer? Nos han invadido los ratones. Si a alguien se le ocurre una idea, que hable».

Los ministros hablaron entre ellos y después dijeron: «Majestad, hemos llegado a la conclusión de que debemos traer gatos para que acaben con los ratones». Parecía razonable. Llamaron al general y le ordenaron capturar todos los gatos del reino y llevarlos al palacio de inmediato.

Pronto empezaron a aparecer los gatos, que efectivamente acabaron con los ratones, pero ahora el palacio estaba lleno de gatos. ¡Gatos y gatos por todas partes! Lo arañaban todo, se tumbaban en los muebles y se afilaban las garras en las cortinas del palacio. Los maullidos y los ronroneos constantes eran casi ensordecedores.

Tuvieron que volver a reunirse. El rey tomó la palabra. «Bueno, ¿alguna otra idea?».

Como antes, los ministros se enzarzaron en una discusión a gritos. Al rato dijeron: «Majestad, le recomendamos que traigan perros, porque a los gatos no les gustan los perros». Llamaron al general y le ordenaron capturar todos los perros del reino y llevarlos al palacio.

Pronto los perros habían sustituido a los gatos. Ahora no se oían más que ladridos, y los perros eran bastante menos discretos en sus hábitos personales.

Tuvieron que volver a reunirse y esta vez decidieron que, como los perros tenían miedo de los tigres, debían capturar los tigres de todo el reino y llevarlos al palacio. Pronto los perros empezaron a desaparecer y el palacio fue llenándose de tigres, lo que causó un grave problema. Los tigres eran tan feroces que nadie se atrevía a mover un músculo por miedo a que lo atacaran.

Volvieron a reunirse con gran dificultad y decidieron capturar de inmediato todos los elefantes y llevarlos al palacio, porque los tigres tenían miedo de los elefantes.

En cuanto empezaron a llegar los elefantes,
los tigres huyeron dejando tras de sí un caos
nunca visto.

El palacio estaba lleno de elefantes y no había
sitio para moverse. Los elefantes rompían cosas
y el desastre era absolutamente intolerable.
Muy pronto el palacio empezó a llenarse de
excrementos de elefante. El hedor era
indescriptible.

Así que tuvieron que reunirse de nuevo, y esta
vez decidieron que debían hacer volver a los
ratones, porque los elefantes les tenían miedo.
El general obedeció y cuando los ratones
empezaron a llegar, los elefantes se marcharon.
Todos en el palacio se encontraron de nuevo
en el punto de partida, con ratones por todas
partes.

El rey se dio cuenta entonces de que él era el verdadero culpable de todo aquel desastre. Si no hubiera sido por su glotonería, nunca habría sucedido.

Los problemas los creamos nosotros, y las soluciones también están en nosotros. Descubre tu ser, tu yo, porque en ese yo está todo lo que necesitas. Aprende el lenguaje del corazón y siente lo que has estado perdiéndote.

Los conflictos no solo se producen entre fronteras. Pueden producirse conflictos en un país. Pueden producirse conflictos en una ciudad. Pueden producirse conflictos en una casa. Pueden producirse conflictos en nosotros mismos.

La guerra empieza en la mente de los seres humanos. Los conflictos no empiezan en el exterior. Los conflictos empiezan en el interior, y la solución de los conflictos también está en el interior.

¿Sabes lo que es detenerte en medio de tu guerra y sentir la paz que baila dentro de ti?

La paz interior te proporciona una base sólida como una roca e inmutable en el corazón de tu ser.

Hace unos años, un fotógrafo decidió llevar a cabo un experimento. Cogió un enorme espejo de acero inoxidable y lo colocó en la jungla. Los monos, que son muy curiosos, se acercaron y se colocaron delante del espejo. Empezaron a gritar, mostraron los dientes, golpearon el espejo, se asustaron y salieron corriendo.

Después apareció un gran gorila. Se colocó delante del espejo y gritó. Se golpeó el pecho para decir: «¿Quién eres?». Estaba muy enfadado. Gritó y volvió a golpearse el pecho. Se desplazó de un lado a otro una y otra vez. ¿Por qué? ¿Sabes por qué? No se reconocía a sí mismo. Ese gorila que estaba viendo no era un enemigo. Era él. El gorila estaba convirtiéndose en su peor enemigo.

¿Nos vemos en el espejo y no nos reconocemos? Cuando nos matamos unos a otros, nos matamos a nosotros mismos. Cuando nos robamos unos a otros, nos robamos a nosotros mismos.

Porque tú, tú, tú y tú sois mi reflejo. Tú, tú, tú y tú sois
el reflejo del otro en ese espejo. Cuando os enfadáis entre
vosotros, solo os enfadáis con vosotros mismos. Cuando
decís mentiras, os decís mentiras a vosotros mismos.
Cuando os hacéis daño el uno al otro, solo os hacéis daño
a vosotros mismos. Porque no reconocéis que sois vosotros.

Una persona vive en Taiwán, otra vive en Japón, otra vive
en la India, otra vive en Canadá, otra vive en Estados Unidos,
otra vive en México, otra vive en Argentina, otra vive
en Brasil y otra vive en Inglaterra. ¿Crees que habría
diferencias? Hablan idiomas diferentes, comen diferentes
tipos de comida y algunas de ellas incluso conducen por
el otro lado de la carretera.

Pero todas sienten alegría, todas sienten dolor, todas sienten
esperanza y todas sienten desilusión. En todas partes
del mundo sentimos lo mismo. Puede que utilicemos
palabras diferentes, pero las cosas son las mismas.

La paz está dentro de todos y siempre lo estará. La pregunta es: «¿Por qué no la sientes?». La razón por la que no la sentimos es porque muchas cosas que no son reales se interponen entre nosotros y la paz. Llega gente de otros países y dices: «Oh, esa persona debe de ser diferente». Hemos aprendido a hacer edificios. Hemos aprendido a hacer aviones. Hemos aprendido a hacer coches. Hemos aprendido a hacer esto y lo otro. Incluso hemos aprendido a hacer guerras. Y hemos aprendido a hacer los instrumentos para las guerras. Pero no hemos aprendido a estar en paz.

Las personas luchan en nombre de la religión. Deberían respetar la vida, pero la ven como algo trivial. ¿Qué ha pasado para que hayamos llegado a un punto en el que hemos perdido el respeto por los demás? Deberíamos ver a una persona, ya sea musulmana, hindú o cristiana, y decir: «Disfruta de tu fe, disfruta de eso en lo que crees». ¿Qué ha pasado? De repente se convierte en: «No, tú eres inferior y yo soy superior».

¿Cuánto tiempo van a seguir así las cosas? Soy una voz por la paz. Solo una débil voz. Pero cuando mi voz se une a la de todas las demás personas que quieren la paz, se convierte en una voz muy fuerte.

¡Confusión, locura, desesperación y avaricia! Es increíble cuánta avaricia hay en este mundo.

Ojalá fuéramos avariciosos de paz. Ojalá fuéramos avariciosos de ayudarnos los unos a los otros.

Pero no, la avaricia consiste solo en llenarse los bolsillos como sea, y eso es lo único que importa. La avaricia, la ira y el miedo.

Todos dicen: «La paz mundial no es posible porque hay mucha avaricia». Estaba pensando en eso. «Avaricia. Avaricia. Hay mucha avaricia en este mundo». Y entonces pensé: «Debe de haber un antídoto contra la avaricia». Y lo encontré. Se llama aprecio.

Las personas avariciosas no pueden apreciar lo que las rodea. ¡No pueden! Pero ¿sabes lo que pasa en cuanto empiezan a apreciarlo?

Que tú, el ser humano, entras en acción. ¿Y sabes cuál es tu naturaleza? Cuando algo te gusta (en la radio suena una canción que te gusta), subes el volumen. ¡Quieres compartirla!

Quieres compartir. Estás cocinando algo y te queda muy rico. ¿Qué haces? «Pruébalo. Pruébalo». Te pones un vestido y te ves muy guapa. ¿Qué quieres hacer? Mostrarlo.

Incluso con toda la avaricia del mundo, el aprecio sigue existiendo. Y el aprecio mata la avaricia.

Pero las personas no aprecian porque solo siguen un camino: «Más. Más. Más. Más. Más. Más». Si empiezan a apreciar, si de verdad empiezan a disfrutar de lo que tienen, dirán: «¡Vaya, qué bueno! ¡Voy a compartirlo!». Porque así es la naturaleza humana. Y tú eres un ser humano.

Si la ausencia de guerra es paz, ¿por qué cuando unas guerras terminan empiezan otras? Porque se trata solo de paz política. La paz política no es la paz que reside dentro de ti. La guerra es un síntoma, no la enfermedad. Cuando las personas están en paz, las guerras pueden terminar, si así lo deciden. Porque la verdadera guerra empieza contigo.

Hace mucho tiempo, era el rey quien tenía que ir al frente de la batalla. Las negociaciones eran de suma importancia, porque nadie quería que lo mataran. Hoy en día, los reyes se quedan en grandes palacios y envían a otras personas a hacer el trabajo sucio.

Si de verdad tienes que hacer la guerra, pide a alguna empresa que cree un videojuego y que los dos líderes se enfrenten. ¡El que gane, ha ganado! Y con eso bastaría.

¿A quiénes matan en las guerras? En las guerras matan a personas inocentes. No matan a los que las provocan, sino a personas inocentes. Los que sufren son los niños. Esos niños que no volverán a ver a su padre, que no conocerán a su padre. Crecerán con odio en el corazón, donde debería haber paz, donde debería haber alegría y donde debería haber amor. Odiarán ese país que mató a su padre. ¿No te parece triste?

La paz no es solo una idea. Es una necesidad.

¿Cuán valioso eres? ¡Inconmensurable! Mientras lo divino esté en ti, tu valor es inconmensurable. ¿Y cuando lo divino desaparece? Nada. No sabes respetarte a ti mismo. Algo va mal. Solo miras lo externo, no lo que hay dentro. El día que reconozcas lo que hay dentro será el día en que la idea de paz empezará a tener sentido.

Si lo que está sucediendo hoy en el mundo sigue así, la raza humana no va a durar mucho. ¡Está autodestruyéndose! ¿Por qué una persona mata a otra? Porque ni siquiera conoce a la persona a la que está a punto de matar. Está lejos de ella y tiene un arma. Apunta el arma, mira por la mirilla y dice: «¡Ya te tengo!». ¡Pum! Y la persona está muerta. Y alguien puede pulsar un botón para matar a cientos de miles de personas en un país en el que nunca ha estado.

Mi compromiso es con la paz. En mis viajes por el mundo he experimentado muchas cosas, y la más desconcertante es la explicación de por qué no puede haber paz. La gente se centra en los síntomas, no en la enfermedad. Mis esfuerzos se centran en eliminar la enfermedad: las personas no están en contacto consigo mismas y no saben quiénes son.

Si no nos ocupamos de la enfermedad, los síntomas nunca desaparecerán. Y todos sabemos cuáles son los síntomas: avaricia, guerra, egoísmo, violencia y una creciente pérdida de confianza. La paz es algo real. La paz reside en el corazón de todos los seres humanos. La paz tiene que emanar de cada uno de nosotros.

Cuando experimentes la alegría en tu vida, cuando entiendas el valor de la respiración, habrás empezado a entender de verdad lo que es la vida.

El mundo debe entender en qué consiste la vida. Gastamos mucha energía solo en destruir, y muy poca en llevar paz a las personas.

La paz es el cielo en la tierra. La paz son los buenos momentos. La paz es disfrutar de la vida. La paz es construir, no destruir.

Ha llegado el momento de poner en práctica la paz.
Ha llegado el momento de poner en práctica la conciencia.
Ha llegado el momento de poner en práctica la bondad.
Ha llegado el momento de poner en práctica los abrazos.
Ha llegado el momento no de fingir que somos inteligentes, sino de serlo. Ha llegado el momento no de fingir que nos gusta la paz, sino de que nos guste. Ha llegado el momento no de fingir que tenemos paz, sino de tenerla.

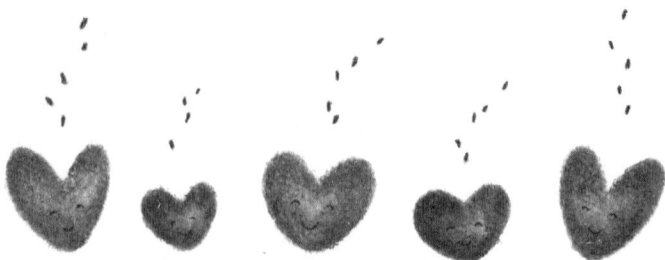

## 2 Un paso tras otro

Si ponemos en práctica la avaricia, eso es lo que se nos dará bien. Si ponemos en práctica la paz, eso es lo que se nos dará bien. Si ponemos en práctica la ira, eso es lo que se nos dará bien. Si ponemos en práctica la tolerancia, eso es lo que se nos dará bien. Si ponemos en práctica mirarnos los unos a los otros con compasión, eso es lo que se nos dará bien. ¿Qué pones en práctica tú?

Si los seres humanos pueden empezar guerras, seguro que pueden vivir en paz. La paz no nos la traerán otros. La paz no llegará en un paquete ni en una caja. La paz no va a caer del cielo como la lluvia.

La posibilidad de paz ya se le ha dado a todo ser humano en la tierra. Tenemos que descubrir la necesidad de paz en nuestro interior. Y después crear un entorno donde las personas puedan ser libres de sentir esa paz en su vida.

Empieza con cada uno de nosotros. Un viaje de mil kilómetros empieza con el primer paso. Avanzará paso a paso, y el primer paso empieza contigo. Si puedes dar ese primer paso en tu vida, podrás terminar el viaje de mil kilómetros. Y sí, la paz es posible.

¿Vivimos en una sociedad en la que la paz es una prioridad? ¿O vivimos en una sociedad en la que se buscan justificaciones para la guerra? ¿En cuál de las dos? No vivimos en una sociedad en la que la misión diaria de todo ciudadano es ser bueno. No.

Vemos que alguien ocupa nuestra plaza de aparcamiento
y podría empezar una guerra.

Dicen que hay tanta avaricia en este mundo que nunca habrá
paz. Dicen que hay tanta ira en este mundo que nunca
habrá paz. Pero no han entendido cuál es nuestra naturaleza.

## Dos lobos

Había una vez un asentamiento en un hermoso valle. Un día, un niño se acercó al jefe y le dijo: «Tengo una pregunta».

El jefe le preguntó: «¿De qué se trata?».

El niño le dijo: «Jefe, veo que algunas personas a veces son buenas, y esas mismas personas a veces son malas. ¿Cómo puede ser? Si alguien es bueno, debería serlo siempre. ¿Cómo puede ser?».

El jefe le contestó: «Dentro de ti hay dos lobos. Hay un lobo bueno y un lobo malo, y se pelean».

El niño lo pensó un momento y después
le preguntó: «Jefe, ¿por qué se pelean?».

El jefe le contestó: «Para ganar la supremacía
sobre ti».

El niño volvió a quedarse pensativo y después
le preguntó: «Jefe, ¿qué lobo gana, el bueno
o el malo?».

Y el jefe le respondió: «El lobo al que alimentas».

¿Quieres paz en tu vida? Empieza por ahí. Si estás
enfadado, tómate un segundo para reflexionar:
«¿Lobo bueno o lobo malo? Ups, estoy alimentando
al lobo malo. Cuando alimento al lobo malo, recibo a cambio
ira, miedo, confusión y dolor. Cuando alimento al lobo
bueno, recibo a cambio claridad y comprensión, y mi
corazón baila». ¡Alimenta al lobo bueno! Es sencillo
y funciona. Si entendemos nuestra naturaleza, quiénes somos
realmente, quizá podamos cambiar nuestra vida.

Si la paz está en todas partes, ¿por qué no la siento? Está más
cerca de mí que mi sombra. ¿Por qué no la vemos?

Porque no tenemos los ojos para verla. ¿Qué tipo de ojos
necesitas? Necesitas los ojos puros de un niño.

Debes ver no desde el juicio, sino desde el descubrimiento y desde el sentimiento. No desde las ideas, sino desde el sentimiento.

En cuanto entiendes la importancia del hoy, puedes empezar a entender el ahora, porque ahí es donde vives.

Según las reglas del tiempo, no puedes vivir en el mañana. No puedes vivir en el ayer. Solo puedes existir en el ahora.

Acoge en tu vida este momento de existencia, porque ese es el domicilio de la paz. El ahora es donde la paz reside.

La gente cree que debes renunciar a todo para encontrar la paz.

¿Quién empezó esta mentira increíble? Todo el mundo dice:
«Tengo una familia. No puedo renunciar a todo. Tengo
una casa, tengo hijos y tengo responsabilidades, así que
no puedo tener paz, lo siento».

No es necesario que renuncies a todo. Cuando la paz está
dentro de ti, lo que sucede en el exterior no importa.

¿Dónde está la paz que buscamos? Dentro de nosotros.
¿Dónde dice la gente que está? En la cima de una montaña.

¿Crees que en la cima de la montaña hay paz? No.
Cuando llegan las tormentas, se vuelve salvaje.
Pero no buscamos dónde está la paz. En nuestro interior.

Un momento de elección positiva puede ser el inicio
de un viaje que nos cambie la vida hacia la calma interior,
la concentración, la satisfacción y la paz.

Olvidamos el poder de la respiración. Por eso nos
preparamos para buscar. Decidimos leer un libro o visitar
un lugar concreto. Pero algo está sucediendo justo aquí:
tu respiración.

Las personas claman por la paz. La paz no es un lujo.
La paz es tan importante como respirar aire, comer
alimentos y tener un techo, porque es la necesidad
fundamental de todo corazón sobre la faz de la tierra.

La paz no es un concepto nuevo. Desde que existen las
guerras (en la historia de la humanidad), siempre ha existido
una voz que ha clamado una y otra vez por la paz, la paz
verdadera, la paz real, la paz que todo individuo
experimenta.

La paz es algo que surge del corazón de los seres humanos,
no de la mente.

¿Qué sucede cuando una persona está en paz? Hay reconocimiento. Hay sencillez. Hay aprecio. Hay gratitud. Esto es lo que sucede: el reconocimiento mutuo, el reconocimiento de que mi necesidad es como la tuya. No se trata de poder. No se trata de destrucción. Se trata de preservar lo que es valioso. Se trata de apreciar el regalo que hemos recibido. Se trata de estar vivos.

Hablo en público sobre la paz desde que tenía cuatro años. Me he esforzado por mirar a una persona y ver solo a un ser humano, no a una mujer, no a un hombre, no a un pobre, no a un rico, no a un indio y no a un africano. Cuando miro a una persona, solo quiero ver a un ser humano.

El mundo me ha dicho: «No, debes saber que él es cristiano, que él es musulmán, que ella es hindú, que él es estadounidense, que ellos son nepalíes, que ella es de Sri Lanka, que él es africano o que él es canadiense». En toda mi vida no he encontrado ni una sola cosa buena que surja de ver a una persona como cristiana, o musulmana, o hindú, como mujer, como hombre, como rico o como pobre. ¡No aporta nada! ¡Nada!

Cuando miro a las personas, siento amor por ellas porque son seres humanos. ¿Quién soy yo para juzgar, si la respiración no juzga? Ellas respiran. Yo respiro.

Todo el mundo tiene una razón por la que no puede haber paz. Algunas personas tienen dos o tres, o cuatro o cinco, o tal vez cien.

¿Sabes cuántas razones tengo yo para que haya paz? Tengo ocho mil millones de razones para que haya paz, porque esta es la cantidad de personas que viven sobre la faz de la tierra.

Algo dentro de nosotros dice: «Necesitas paz en tu vida».
Ahora bien, puedes llamarla de muchas maneras. Es solo
semántica. Puedes llamarla «paz». Puedes llamarla
«felicidad». Puedes llamarla «alegría». Puedes llamarla
«dicha». No importa. Pero la paz está dentro de cada
uno de nosotros.

Como seres humanos, tenemos una necesidad. No una necesidad creada por la sociedad, sino la necesidad fundamental de sentirnos plenos y en paz. Es fácil lanzar la palabra «paz», pero ¿qué es la paz? ¿Es solo oír campanas de viento? ¿Que no haya tráfico? ¿Qué no pasen aviones ni trenes zumbando?

¿O la paz es un sentimiento? Un sentimiento innegable que no nace del pensamiento. Todo lo que nos llega nace del pensamiento. Recibimos buenas noticias y pensamos: «Las cosas me van bien». Recibimos malas noticias y pensamos: «¿Por qué me pasan estas cosas?».

La paz es ese lugar lleno no de definiciones, sino de sentimiento.

No hace falta mucho para que nos sintamos inquietos.
Sucede cuando estamos conduciendo y alguien toca el
claxon. Tu hijo o tu hija te dice: «He suspendido», y te
enfadas. Entonces ¿la paz es simplemente no enfadarse?

¿Qué es la paz? ¿Qué significa estar aquí, estar vivo?

Respirar una y otra vez. La respiración llega de la nada y no
va a ninguna parte. De la respiración procede el regalo de
la vida. Puedes ser. Puedes admirar. Puedes agradecer que
existes. Puedes sentir y ofrecer bondad. Puedes saber
que todo está bien.

La paz está dentro de ti, así que ¿por qué la buscas fuera?
¿De verdad buscas la paz o buscas la culminación de una
idea? ¿Quieres de verdad la paz en tu vida?

¿O solo quieres repetir: «Estoy en paz. Estoy en paz. Estoy en paz. Estoy en paz»? ¿Qué quieres, la paz que baila en tu corazón o una chapa que diga: «Estoy en paz»? Si quieres una chapa, una camiseta o un tatuaje que diga «Estoy en paz», no puedo ayudarte. No los tengo. ¿Qué paz quieres?

Todo el mundo tiene una visión de la utopía. Tanto en nuestra vida familiar como en nuestro trabajo y en el mundo, cada vez que se habla de paz surge la idea de la utopía. Pero la palabra «utopía» deriva de dos palabras griegas que significan «no» y «lugar». Así que lo que la palabra significa en realidad es «en ningún lugar». ¡No existe en ninguna parte! El único lugar donde de verdad puedes tener esta utopía es dentro de ti. No ahí fuera. Dentro de ti. Y la respiración te llama todos los días a experimentar esta utopía.

¿Qué es la paz? ¿Es la paz una idea? ¿Una utopía? Todo
el mundo bailará. Todo el mundo llevará flores en el pelo.
Nadie discutirá. No habrá problemas en el aparcamiento.

Eso no es paz.

La paz es todo lo bueno que hay en ti. La paz es la serenidad
que hay en ti. La paz es la bondad que hay en ti. La paz es
la amabilidad que hay en ti. La paz es la comprensión que
hay en ti. La paz es el aprecio que hay en ti. La paz es la luz
que hay en tu corazón. La paz es la alegría que hay en ti.
La paz es lo divino que hay en ti. La paz es la aceptación
de los dones que hay en ti. La paz es el ir y venir de tu
respiración. La paz es la belleza que eres.

Hablarte del mañana es como jugar a las adivinanzas. Pero déjame decirte lo que está sucediendo en este momento: respiras una y otra vez, y estás vivo.

Porque estás vivo, de todos los sentimientos que puedes
experimentar, uno es el supremo. Y se llama alegría.

De todos los estados en los que te puedes encontrar,
uno es el supremo, y es el estado de claridad.

De todas las posibilidades que puedes tener en este
momento, una es la suprema, y es la satisfacción, la paz.

Tienes la inmensa posibilidad de sentir y abrazar la vida,
de entender el valor de cada una de tus respiraciones.

Todos dicen: «Si me dedico a reconocer el valor de
mi respiración, no tendré tiempo para nada más».
¿Lo dices porque lo has experimentado?

¿O una voz interior te dice: «No, no puede ser.
¡La paz es imposible!»?

¿De dónde ha salido este argumento? ¿Estaba escrito en
el cielo? ¿Estaba grabado en una manzana que te comiste?
¿Quién lo ha dicho?

Has olvidado algo asombroso: que no llegas aquí, a la tierra,
solo, sino con la paz. Que llegas con esperanza, con
comprensión y con sabiduría.

Pero de estas cosas no hablamos. De lo que hablamos
una y otra vez es de nuestros problemas. ¿Y la solución?
La solución perfecta está dentro de ti. Tienes dentro de ti
lo que estás buscando. Si lo entiendes, tu vida cambiará.

Algunas personas se preguntan: «¿Cómo puedo alcanzar la paz?». La paz se alcanza como todo lo demás: apasionándote por ella.

Empieza a enamorarte de la paz. Haz de la paz una prioridad en tu vida y la encontrarás.

La buena noticia es que es posible. La buena noticia es que está dentro de ti. Lo más difícil: ¿tienes pasión? Eso es lo más difícil. Eso es lo más difícil. Enamórate de la vida.

Y enamorarse de la vida es lo más noble que puede hacer un ser humano.

# 3   El mayor logro de la humanidad

No es el mundo el que necesita paz, sino las personas.
Cuando las personas del mundo tengan paz interior,
el mundo estará en paz.

Las personas esperan que llegue un ángel a solucionarles
los problemas. Yo les digo: «El ángel ha llegado». ¿Sabías
que el ángel ha llegado? ¿Sabes quién es el ángel? ¡Tú!
Tú eres el ángel que puede cambiar tu vida.

Mucha gente dice: «Oh, nunca sucederá. Hay demasiada
avaricia». Pero tengo algo que decirte. ¿Sabes que el hombre
llegó a la luna? ¿Sabes por qué sucedió? No fue gracias a
las personas que decían que era imposible. Fue gracias
a las personas que decían que era posible. Por eso sucedió.
Cuando estás enamorado de tu vida, de tu existencia,
es cuando empiezas a respetar la existencia de los demás.
No es el caso en el mundo actual. Las cosas deben cambiar.
Y este cambio fundamental no empieza en el mundo exterior.
Empieza en cada ser humano sobre la faz de la tierra.

Los que cambiarán las cosas no serán los gobiernos,
ni las grandes instituciones, ni la policía, ni el ejército, sino
cada ser humano que asuma la responsabilidad de la paz.

El océano de la paz reside en tu interior. No en el canal,
ni en el lago, ni en la bañera. ¿Por qué no sentimos la paz?
Porque no nos conocemos a nosotros mismos.

Desde que avanzamos por el camino de la vida, hemos dado vueltas en círculos y hemos llegado al mismo cruce una y otra vez. Necesitamos un mapa. ¿Sabes cómo se llama el mapa? «Conócete a ti mismo». El mapa es un trozo de papel que dice: «Estás aquí y quieres ir allí».

El yo es la unión cognoscible de lo infinito y lo finito. Conocer el yo nos pone al volante de la vida.

Tener paz en la tierra no es difícil. Lo difícil es que las personas reconozcan quiénes son. Porque en cuanto lo reconozcan, la paz llegará automáticamente. No sería un problema. El problema es saber quién eres.

Respiras una y otra vez y te descubres vivo. La paleta de lo que puedes sentir, lo que puedes expresar, lo que puedes saber, lo que puedes entender y quien puedes ser es prácticamente infinita. No hay límites. Es el reino del corazón. Es el reino del conocimiento. Es el reino de las personas que han entendido su dignidad y no tienen problema en ofrecer dignidad a los demás.

Ese día el mundo cambiará. No porque tú y yo hablemos la misma lengua, y por lo tanto seamos amigos, sino porque tú y yo estamos vivos, y por lo tanto somos amigos.

Si quieres paz en tu vida, debes saber que la paz no está lejos de ti, nunca lo ha estado, ya que baila en el corazón de todos los seres humanos.

Hay un mundo esperando. Un mundo que tú creas y del que te formas parte. Un mundo que te respeta. Un mundo que te entiende. Un mundo que no le pone etiquetas a todo. Un mundo que acogerá a generaciones de seres humanos como tú mientras exista la tierra. Cuando vives lleno de gratitud, bondad, paz y alegría, quieres seguir así el resto de tu vida.

Cada año fracasan gobiernos. ¿Por qué fracasan? Las personas no asumen su responsabilidad. Trasladan la responsabilidad a una sola persona: «¡Ocúpate tú!».

Ha llegado el momento de cambiarlo. Ha llegado el momento de que todos los ciudadanos de este planeta asuman su responsabilidad por el bien de toda la humanidad, de los animales, de las aves, de los gusanos, de los insectos y de todas las especies.

Echar la culpa a los demás no ha funcionado, pero seguimos haciéndolo. ¿Y nuestras responsabilidades? ¿Cuál es la tuya? Tu responsabilidad es ser humano. ¿Qué significa ser humano? Una persona que considera que la paz es hermosa.

La paz será el mayor logro de la humanidad. No los cohetes ni la tecnología, sino la paz. Todos tenemos un papel que desempeñar para hacerla posible.

¿Dónde surgen la guerra y las agitaciones? En nosotros.
Así pues, ¿la paz y las agitaciones están dentro de nosotros?
Sí. La oscuridad está dentro de nosotros y la luz está dentro
de nosotros.

Lo curioso es que el mundo ha encontrado la oscuridad.
El mundo ha encontrado el conflicto. El mundo ha
encontrado la avaricia. El mundo ha encontrado la
inconsciencia.

Pero si puedes descubrir la ira dentro de ti, si puedes
descubrir la duda dentro de ti, entonces eres del todo capaz
de experimentar también la claridad dentro de ti. Si somos
capaces de iniciar guerras, entonces también somos capaces
de traer cariño, respeto, comprensión y paz a este mundo.
Porque es la otra cara de la moneda.

La ignorancia y el conocimiento son vecinos. La claridad
y la duda son vecinas. La vida y la muerte son vecinas, están
una al lado de la otra. La oscuridad y la luz son vecinas.
¿Están muy cerca? Quita una, y la otra aparecerá al instante.
No tardará ni un segundo.

La esperanza, la alegría, la claridad y la comprensión están
en un lado. La duda, el miedo, la tristeza y la ignorancia
están en el otro. ¿Qué camino tomas?

Me impacta ver la violencia de seres humanos contra seres
humanos. ¿Qué ha fallado para que el valor de la vida de
otro ser humano no signifique nada? Algo ha fallado
estrepitosamente.

En algún momento tenemos que tomar una decisión:
«¡No!». Tenemos que cambiar. Olvidarnos del «yo» e
introducir el «nosotros». Todos nosotros. La mentalidad
del «yo» impera. Con el tiempo, las personas han pasado
al «yo, yo, yo, dame, dame, dame». Lo hemos intentado
con el «yo», pero no ha funcionado muy bien.

Ha llegado el momento de cambiar el «yo» por el «nosotros».
Todos estamos en este planeta. Todos debemos entender
lo que significa estar vivo. Todos debemos ayudarnos.
No deberíamos dedicarnos a elaborar formas de matarnos
unos a otros. Deberíamos dedicarnos a elaborar formas
de ayudarnos.

Eso exige un cambio de conciencia. No «yo», sino «nosotros». Y «nosotros» somos todos en este mundo. Porque esta es la única solución que no hemos intentado.

¿Es posible encender la luz de la paz y la dignidad en el corazón de la humanidad? ¿Dónde está el interruptor? Este es el problema. No es un interruptor, son ocho mil millones de interruptores y debe pulsarse cada uno de ellos. ¿Es posible? Sí.

La paz no es algo que deba crearse. La paz no es el resultado final de un montón de acciones. Con todos nuestros problemas, con todas nuestras guerras y con todas nuestras preocupaciones, en el interior de todo ser humano hay paz. Ya está ahí.

## La cuerda de los elefantes

Érase una vez un hombre que nunca había visto un elefante. Un día se enteró de que en un pueblo había elefantes enormes y viajó hasta allí. Como nunca había visto un elefante, se quedó muy sorprendido. Pero lo que le sorprendió aún más fue que los elefantes estaban atados con una cuerda muy fina alrededor de las patas.

¿Cómo podían sujetar elefantes tan enormes con cuerdas tan finas? Fue a ver al jefe y le dijo: «Estos elefantes son fuertes, ¿verdad?».

«Sí, muy muy fuertes», le contestó el jefe.

«¿Y cómo es posible retener un animal tan grande, tan fuerte y poderoso solo con esa fina cuerda?».

El jefe le explicó: «Cuando eran pequeños, los atábamos con esas cuerdecitas. Intentaban moverse, pero no podían. Mientras crecían, los mantuvimos atados con esas mismas cuerdas finas. Ahora que son grandes y fuertes, han dejado de intentarlo y creen que esa fina cuerda sigue sujetándolos. Si lo intentaran, la cuerda no podría retener a un animal tan poderoso, por supuesto, pero los elefantes han dejado de intentarlo».

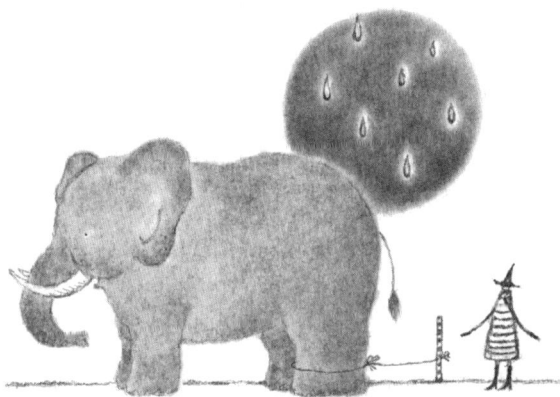

¿Por qué te he contado esta historia? Porque de alguna manera es lo que sucede. Eres mucho más grande que todos tus problemas juntos. Pero esos problemas llegan, te frenan y no eres consciente de tu fuerza. No te das cuenta de lo fuerte que eres, de que como ser humano tienes la fuerza para traspasar esas barreras.

Nosotros, los habitantes de este planeta, somos responsables de su destino. Esperamos que los líderes resuelvan nuestros problemas. Debemos confiar en nosotros mismos, no en los líderes. Debemos llevar esperanza a los demás. Debemos iluminar el camino para los demás.

No hay razón para la guerra. La guerra ni siquiera debería ser una opción. Hablad y resolved vuestras diferencias. Matar a otra persona por una razón, por tu razón, no es aceptable, ni en esta época ni nunca.

Sé sencillo y siente la dignidad. Vuélvete sencillo y ve la realidad. El mismo sol brilla sobre el mundo árabe, brilla sobre el mundo indio, brilla sobre el mundo malasio, el mundo australiano, el mundo estadounidense, el mundo canadiense, el mundo sudamericano y en todas partes. Es el mismo sol. Vivimos en el mismo hermoso planeta.

El mundo nos enseña las diferencias. Yo quiero señalar
las similitudes. Porque así todos podemos sentirnos dignos.
Todos podemos sentir esa sencillez. Todos podemos sentir
la carga de los demás, sentir el dolor de los demás y
participar en la pasión de los demás. Eso es la civilización.

Es en el escenario del corazón, en todo ser humano
individual, donde la paz debe bailar. No exige deseos,
sino determinación. No exige definiciones, sino claridad.
Si podemos ir a la luna, sin duda debería ser posible recorrer
la distancia más corta que existe: de una persona a su
corazón. Y sentir la alegría que existe en todos nosotros.

Conoce la diferencia entre sabiduría y conocimiento.
Adquiere conocimientos, pero utilízalos sabiamente.
Tener conocimientos es estupendo. Poner en práctica
esos conocimientos es sabiduría.

En este mundo disponemos de muchos conocimientos técnicos, pero sin sabiduría los utilizamos para matarnos unos a otros. Si los utilizáramos sabiamente, podrían revertir los efectos del calentamiento global. Si los utilizáramos sabiamente, podrían ayudar a los osos polares, que están perdiendo su hábitat. Las malas acciones de los seres humanos pueden revertirse con tecnología, si la utilizamos sabiamente.

Lo que necesitas es empatía. No compasión. Empatía. Si algo puede detener las guerras es la empatía. Las personas ya no empatizan. Ya no son capaces de ponerse en el lugar de otra persona. Eso no significa que estés de acuerdo con ella. Eso no significa que no estés de acuerdo con ella. Solo que seas capaz de ver su punto de vista.

No vemos su punto de vista y por eso luchamos en nombre de Dios. Luchamos en nombre de la religión. Luchamos en nombre de la paz. Luchamos en nombre de la alegría.

Luchamos en nombre de todas las cosas que siempre se han considerado valiosas sobre la faz de la tierra. Se han convertido en motivos de lucha cuando deberían ser motivos de salvación para nuestra sociedad. Deberíamos empatizar no solo entre nosotros, sino también con los animales que están perdiendo su territorio.

Veo lo que sucede en este mundo y no es bueno. Ha llegado el momento de que lo cambiemos. El cambio solo puede empezar por nosotros. Ahora mismo queremos que el cambio empiece por los demás, no por nosotros.

Esto es así porque no sabemos quiénes somos. Somos como ellos. Conocerte a ti mismo es muy valioso.

¿Quién se beneficiará? Nosotros nos beneficiaremos. Las futuras generaciones se beneficiarán. Sus hijos y sus nietos se beneficiarán. Este mundo puede ser un lugar que llamen suyo con orgullo. Lo siento dentro de mí con gran intensidad. Si de verdad lo queremos, podemos lograrlo.

# 4  Vuelve a casa

Mi estrategia es muy sencilla: estar en paz contigo mismo. Se trata solo de ti. No necesitas a nadie más. Debes estar en paz contigo mismo. ¿Y cómo puedes estar en paz contigo mismo? Viajando hacia ti mismo. Debes conocerte a ti mismo.

En cuanto te conozcas, debes vencerte a ti mismo. No debes vencer a tu vecino ni a ninguna otra persona, sino a ti mismo.

Cuando te vences a ti mismo, puedes estar en paz contigo mismo. Y cuando estás en paz contigo mismo, haces las paces con el mundo. Cuando muchas personas hacen las paces consigo mismas y con el mundo, la paz mundial empieza a vislumbrarse.

En las guerras mueren personas inocentes. Del mismo modo, cuando estás en guerra contigo mismo, masacras los momentos inocentes de tu vida.

Todo momento de la existencia es inocente. Cuando llega a ti, es totalmente inocente, como un bebé. Solo te trae posibilidades.

Puedes moldearlo. Puedes doblarlo. Puedes destruirlo. Puedes crear un monstruo a partir de él si lo deseas. O puedes tenerlo como el momento más tierno y amable contigo mismo y escuchar ese sentimiento que llena el corazón y hace que surja la gratitud.

La paz es posible, pero necesita una estrategia para ganar la guerra. Y vamos a tener una estrategia muy concreta. No vamos a salir sin más. Porque este enemigo del que hablamos lleva aquí mucho, muchísimo tiempo.

La ira, el miedo y el odio llevan aquí mucho más tiempo que tú. Y muchas personas han intentado luchar contra ellos, pero no los han vencido. Mi estrategia es no derramar ni una gota de sangre. Ni una sola gota de sangre. Y vencer.

Tú eres el campo de batalla. Tú eres el enemigo. Y tú tienes que ser el vencedor. Por eso no puede derramarse ni una sola gota de sangre. Porque será tuya. Así que nada de sangre. Solo vence. Vence. Con el poderoso armamento de la claridad. ¿Sabes cuántas personas han muerto a manos de ese enemigo llamado duda? ¿Cuánto miedo le tienes a la duda?

Conocerte a ti mismo es la parte más importante de esta estrategia. Porque si no te conoces a ti mismo, nunca sabrás lo fuerte que eres. Podrías creer que eres muy débil.

Pero nunca sabrás lo fuerte que eres. Tienes que estar en forma para luchar en esta guerra. Sobre todo si no quieres que se derrame sangre.

Debes tener disciplina. ¿Qué tipo de disciplina? Convertirte en un ferviente admirador de la alegría. Convertirte en un ferviente admirador de la belleza. Convertirte en una persona que reconoce. El más largo viaje de tu vida es el viaje de lo inmutable. Es el viaje de vuelta a ti mismo, de vuelta a tu casa.

Has cambiado. ¿Cuánto te has alejado del corazón de un niño? ¿Cuánto has cambiado ahí afuera, perdido en un mundo de fantasía, maltratado, magullado y roto? Vuelve a casa. Entra en tu interior y siente la alegría y la belleza divinas. Aprende a reconocer lo más propicio.

A veces puedes haberte alejado demasiado de tu casa,
pero tu casa sigue ahí. Si estás vivo, la respiración te dice:
«Vuelve a casa». Cuando abandonaste tu casa, abandonaste
también su sensatez. Debes perdonártelo. Si te perdonas,
podrás volver a casa.

En tu casa hay paz. En tu casa hay sabiduría. En tu casa
hay claridad. En tu casa hay luz. En tu casa hay alegría.
En tu casa hay plenitud. Pero el único que no está en
tu casa eres tú. Así que vuelve a casa.

Los viajeros se sienten aliviados cuando llegan a su destino.
Es como cuando vuelves a casa o encuentras lo que
buscabas. Incluso cuando no sabes lo que buscas, lo sabes
al instante cuando lo encuentras y dices: «Es esto. Esto es
lo que estaba buscando». Y sientes un enorme alivio.

El viaje hacia el yo es un viaje hacia ti. Cuando vuelvas
a casa, verás el mundo de manera diferente. El mundo
no va a hacer las paces contigo. Tú tienes que hacer
las paces con el mundo.

Si quieres la alegría en tu vida, redescubre en ti el corazón
de un niño. Cuando volvamos a ver con los ojos puros del
corazón, podremos apreciar el regalo que se nos ha dado,
el regalo de la existencia. Que sí, que el hecho de que yo esté
vivo, que se me haya dado el regalo de la vida y que se me
haya dado el regalo de respirar una y otra vez significan algo.

Entra en tu interior y siente lo que sucede dentro de ti,
la constante respiración. Siente esa belleza. Siente esa
energía. Siente esa realidad.

# Sobre el autor

Prem Rawat, que pasó de ser un niño prodigio e icono adolescente en los años setenta a embajador mundial de la paz y autor incluido en la lista de superventas de *The New York Times*, ha aportado una claridad excepcional, inspiración y un profundo aprendizaje vital a millones de personas.

Prem Rawat publicó su primer discurso en su India natal cuando tenía solo cuatro años. En la actualidad vive en Estados Unidos, aunque realiza giras internacionales durante nueve meses al año. Trabaja con personas de todos los ámbitos de la vida y les muestra cómo experimentar la fuente de la paz en su interior. Su labor se extiende a más de cien países, y lleva un mensaje práctico de esperanza, felicidad y paz a todas y cada una de las personas.

Prem Rawat es el autor de *Escúchate: Encuentra la paz en un mundo ruidoso* y el creador del exitoso Programa de Educación para la Paz que actualmente se utiliza en ochenta y cuatro países. Es piloto de aviones de ala fija y de ala rotatoria, con más de 14.500 horas de experiencia. Es un entusiasta fotógrafo, cocinero y restaurador de coches clásicos, y es padre de cuatro hijos y abuelo de cuatro nietos.